MERRY
CHRISTMAS
WORD
SEARCH

HOW TO PLAY

ON EACH PAGE YOU WILL BE GIVEN A LIST OF WORDS, FIND EACH WORD ON THE LIST AND CIRCLE, STRIKE OR HIGHLIGHT IT IN THE PUZZLE PROVIDED, WORDS CAN BE FOUND:

HORIZONTALLY ←→ , VERTICALLY ↑↓
OR DIAGONALLY ↗↙↖↘

V	X	W	P	S	X	C	D	D	N	Z	A	S	V	Q
G	U	Q	O	V	T	J	B	E	N	D	J	C	B	E
N	H	E	E	R	T	T	E	F	U	E	D	T	B	L
I	T	C	N	S	D	W	L	L	K	G	R	P	I	Z
V	U	H	K	E	O	S	T	H	P	Z	A	H	C	Z
I	T	E	S	L	T	S	E	L	C	W	J	S	X	U
G	E	H	L	T	M	A	G	A	E	Z	W	D	L	P
S	P	A	F	Z	L	B	R	R	A	J	Z	Q	A
K	H	I	O	Z	Z	U	O	B	X	C	V	L	B	O
N	X	F	L	G	N	U	D	T	E	R	H	E	K	E
A	U	T	U	M	N	S	P	A	D	L		S	W
H	L	W	N	Q	U	N	M	J	T	S	E		O
T	N	A	X	O	B	N	M	U	T	U	A	C	
M	N	E	E	W	O	L	L	A	H	V	E	B	O
Q	H	S	O	L	P	U	M	P	K	I	N	H	B	B

```
K B E B T D B L S N P C K Z L
O T R L X R M T A A E Q X Q R
L L A B W O N S J L N Z H P E
X R E T A E W S E E M T F I T
O E X Q P L W B M T C Q A O N
C U D L H J R O Z G H M S P I
C L W I A A H D E I D O O H W
P L F X T U O Y O G J U E U S
A A D I G E N J L D S E W S N
J K O W Q T L N E I C P X E Q
H N X G F W R U A E M T W I G
W I S D I K Z F Y D Q A O K N
J G V S A M T S I R H C F O B
K W P V H T A E R W D U S O S
Y A D I L O H H T W A T H C N
```

ANNUAL	HOLIDAY	SNOWBALL
CELEBRATION	HOME	SWEATER
CHRISTMAS	HOODIE	WINTER
COOKIES	KIDS	WREATH
FAMILY	SANTA	YULETIDE

2

H	B	P	T	C	Z	Z	E	Z	E	S	N	E	N	V
V	U	R	C	I	D	S	O	G	N	W	S	J	M	I
O	L	A	I	T	D	N	U	P	G	V	C	S	E	D
L	C	N	T	S	N	E	L	B	F	N	B	R	A	R
T	Q	K	G	I	A	V	A	R	I	J	O	L	T	A
S	U	S	A	L	L	A	V	R	R	X	T	G	A	Z
I	A	U	O	A	R	E	I	M	S	G	Z	J	N	Z
R	L	S	D	E	A	H	T	B	T	N	J	S	D	I
A	T	S	M	R	G	E	S	K	F	I	K	U	S	B
H	A	Q	O	O	E	N	E	P	R	R	C	N	P	P
C	G	S	X	R	S	F	F	K	O	A	K	D	I	Q
U	H	S	B	N	S	S	F	M	S	C	M	O	C	W
E	Z	A	V	F	N	K	O	O	T	S	T	W	E	B
S	V	O	E	R	Z	K	K	L	A	U	H	N	S	X
T	E	A	C	H	I	N	G	M	B	U	P	A	K	A

BIZZARD	FESTIVAL	PRANKS
BLOSSOMS	FIRST FROST	QUALTAGH
CARING	GARLAND	REALISTIC
EGGNOG	HEAVENS	SUNDOWN
EUCHARIST	MEAT AND SPICES	TEACHING

3

I	X	F	U	S	S	I	E	R	W	I	H	Q	O	P
N	R	E	H	T	R	O	N	W	E	L	Q	C	I	O
D	X	D	G	L	O	R	I	A	H	M	G	Z	N	P
C	O	M	M	U	N	I	C	A	T	I	O	N	G	C
E	C	N	E	C	O	N	N	I	O	U	O	B	R	O
P	A	O	R	C	B	B	L	N	P	K	Z	C	E	R
O	R	T	J	Z	G	W	E	A	C	B	V	O	D	N
N	A	N	O	D	L	I	R	L	F	T	O	P	I	O
G	I	C	N	D	Q	H	N	R	L	V	E	H	E	Q
T	N	V	E	K	H	Z	A	N	R	S	K	O	N	L
F	S	R	E	G	N	E	S	S	E	M	C	X	T	E
E	A	B	E	T	H	L	E	H	E	M	U	O	S	V
T	N	A	C	I	F	I	N	G	I	S	D	Z	I	H
N	O	I	T	A	R	B	E	L	E	C	Y	L	O	H
B	B	K	D	S	E	N	A	C	I	R	R	U	H	G

BELLS   GLORIA   MESSENGER

BETHLEHEM   HOLY CELEBRATION   NORTHERN

COMMUNICATION   HURRICANES   POPCORN

DUCK   INGREDIENTS   RAINS

FUSSIER   INNOCENCE   SIGNIFICANT

```
V X D E C N E C S I N I M E R
E E R T R I F S C Q G M Q N V
U U D N W E L O U Q Z N R I C
E P A M M T X N V O K P B R J
M S R T W R B Z M A M C U X F
E U K Z C J O I V V L R G T C
L L U L B E J O L L Y U O C F
O S T U P E N D O U S T E N N
D L Q G E N E R O U S E Z S E
Y H V F J R E T I R W G M P X
F M S X V H Q B O Y S I J T R
L T N E M A T S E T W E N O M
M L P M I L E A G E S F B G X
U U K M G N I G N O L E B E W
V E G E T A B L E P X T K O U
```

BE JOLLY	FIR TREE	REMINISCENCE
BELONGING	GENEROUS	STUPENDOUS
BOYS	MELODY	VALUES
DARK	MILEAGES	VEGETABLE
ENORMOUS	NEWTESTAMENT	WRITER

R	J	A	C	N	F	C	A	H	B	G	E	D	R	G
G	O	V	H	G	T	E	F	Z	N	T	F	E	H	G
W	P	N	I	K	V	S	B	I	R	P	O	T	F	W
B	P	U	L	M	P	X	Y	A	F	G	O	L	A	A
M	A	H	L	R	P	U	I	B	K	L	E	R	N	V
C	R	A	Y	I	B	N	Z	F	C	Y	M	T	G	S
H	T	P	M	M	M	L	A	E	P	P	I	G	A	B
G	R	P	O	B	J	S	L	P	J	T	R	T	T	W
A	I	I	R	R	T	B	A	B	H	K	F	E	H	O
C	D	N	N	U	A	H	G	E	M	O	B	K	E	Q
O	G	E	I	T	I	U	S	F	I	I	S	N	R	E
R	E	S	N	E	I	I	M	B	M	E	D	G	V	G
N	E	S	G	L	S	X	D	B	V	P	I	M	H	F
M	W	G	D	S	L	R	U	L	I	P	Q	D	Q	T
Z	A	N	A	A	Y	L	E	R	U	S	Z	I	L	P

ACORN	FAST	PARTRIDGE
ANTITHESIS	GATHER	SURELY
BUYING	GUILD	TABLECLOTH
CHILLY MORNING	HAPPINESS	TRAIN
ELVES	HAPPY ELF	WARM

```
M  H  U  S  R  P  W  I  N  T  R  Y  H  T  P
S  C  J  R  X  N  E  T  L  E  K  R  A  P  Z
A  H  Q  S  T  I  L  E  L  D  N  A  C  L  F
I  R  D  C  U  K  J  W  D  S  W  T  C  S  D
S  I  M  A  W  V  D  D  K  Q  M  O  J  I  A
U  S  O  R  H  G  C  S  P  S  W  O  B  L  J
H  T  R  O  O  G  E  A  B  C  B  D  C  V  D
T  M  N  L  O  O  N  D  L  V  O  O  I  E  H
N  A  I  E  P  K  L  I  G  M  L  E  G  R  B
E  S  N  R  I  W  M  N  K  O  A  L  P  B  D
W  P  G  S  N  F  R  Z  R  N  R  K  A  E  E
J  L  H  Z  G  N  X  I  X  A  I  K  A  L  K
B  A  I  J  H  G  N  I  P  P  A  R  W  L  I
V  Y  J  X  S  G  Q  X  C  L  Z  R  D  S  P
C  O  O  K  B  O  O  K  W  N  L  D  F  Z  S
```

BOWS	COLORING	SILVERBELLS
CALM	COOKBOOK	SPIKED
CANDLELIT	DRINKING	WHOOPING
CAROLERS	ENTHUSIASM	WINTRY
CHRISTMAS PLAY	MORNING	WRAPPING

```
S  C  L  U  C  K  Y  M  A  N  G  E  R  J  M
U  K  Q  A  F  R  S  X  B  O  R  N  H  D  V
O  E  N  D  O  F  F  A  L  L  W  L  P  A  S
I  S  N  O  W  B  A  L  L  S  G  J  E  X  U
D  Z  S  X  O  Y  E  A  R  A  R  D  E  C  O
O  B  L  S  E  I  A  F  M  O  R  B  E  L  I
L  L  F  X  E  W  H  U  L  E  F  R  L  I  T
E  G  N  S  J  N  S  C  S  Q  J  J  Z  M  P
M  O  G  X  D  I  E  S  A  O  M  X  U  B  M
X  W  S  I  C  E  U  V  S  T  J  P  S  I  U
Q  X  C  B  C  P  P  W  I  I  S  L  U  N  R
R  E  O  P  S  U  M  G  U  G  I  I  I  G  C
I  X  U  W  R  U  R  C  Z  D  R  G  P  H  S
S  U  P  E  R  C  O  O  L  C  R  O  R  F  A
L  O  N  G  S  L  E  E  V  E  S  X  F  R  O
```

BORN	LONG SLEEVES	PISTACHIO
CLIMBING	LUCKY	SCRUMPTIOUS
DRESS UP	MANGER	SNOWBALLS
END OF FALL	MELODIOUS	SUPERCOOL
FORGIVENESS	MUSIC BOX	YEAR

D	M	V	U	T	V	K	P	J	O	N	C	N	N	U
U	I	U	L	S	B	I	C	T	T	I	S	O	U	I
T	D	L	T	W	L	U	A	K	A	N	P	I	T	M
B	D	H	E	A	W	R	M	K	T	T	I	T	C	P
L	L	D	O	Q	O	X	I	S	O	H	D	N	R	R
U	E	E	E	U	K	G	G	G	P	S	E	E	A	O
S	A	O	D	A	S	O	W	P	T	E	R	T	C	V
T	G	I	I	R	F	E	A	T	E	A	S	T	K	E
E	E	J	S	I	S	K	R	V	E	S	L	A	E	M
R	S	F	E	U	C	H	T	S	W	O	R	G	R	E
Y	U	L	R	S	E	A	S	I	S	N	E	N	S	N
R	S	I	I	K	V	S	Z	O	E	T	O	I	K	T
V	K	H	F	B	E	T	U	J	H	L	Q	V	L	Q
C	S	S	I	U	H	L	A	D	F	E	Q	O	R	H
N	O	M	A	N	N	I	C	X	E	D	Q	L	I	G

AQUARIUS	GIRLS	NINTH SEASON
BLUSTERY	HOUSE	NUTCRACKERS
CINNAMON	IMPROVEMENT	SPIDERS
EVE	LOVING ATTENTION	STRAW
FIRESIDE	MIDDLE AGES	SWEETPOTATO

9

```
A S D H J V A X K T U L X D E
Q N E V V T X P K W K R R E I
U O W A Q Z V L U S E B W N U
S W O L S X F G T S L N O H Y
I F T G I N N A N I B F R E A
N L S D T I Y O G X A K R A D
C A E T K A I N L T T R O R Y
E K B A W P I T F E R E M T R
R E B A M N T E X E O Z O D E
E B Y A E X L A V N F E T T V
L A H D F W D E C T M N Q N E
Y C R U B E H L Q H O E K I C
D A K N E U F W U M C B W C D
G O N W S P D R U M M E R S D
N O I T A I C N U N N A G R D
```

ANNUNCIATION	DRUMMERS	SINCERELY
BAKING	EBENEZER	SIXTEENTH
BESTOWED	EVERYDAY	SNOWFLAKE
CHAMPION	GARDENING	STAY AWAY
COMFORTABLE	HEART	TOMORROW

10

```
P C L T Q G A G F L Q B F M G
U L R U Q B B N R E W T E O R
F P C O V F P I S I U I G P O
F W S G N C Q H M S G M A Y S
Y N Q W O E O S U U J E Y T S
J M R W I W S E L R D C O F I
A I H R T R P R P E B H V A N
C N O U C C W F R L A A P R G
K I G S A C E E A Y P N E D W
E S M T R M M R G T W G N I R
T T A S T W B X U W E E N B A
E E N W T G B T S L S G H B M
H R A H A Z U T L T S M M D J
Q C Y N B Z D O L D C O K H I
S A I E C S C T B C H W S F P
```

ATTRACTION   HOGMANAY   RUSTS

COLLEGE   LEISURELY   SUGAR PLUMS

CRONES   MINISTER   TIME CHANGE

DRAFTY   PUFFY JACKET   VOYAGE

GROSSING   REFRESHING   WINGS

```
F X G U U J R T P O H S C B I
O L E N U H N D L E R E E M X
R L A N I G I R O E U N R N I
Q E U W S T S C P S I Z V R N
U O T M A P A L E W C J M E Q
X Y C A E L E P D V L Q W H Q
O N T C E H L E I K I W E T I
R E I I A H L P Q C O L V U P
C A U T T L R G A R I F O O M
L J N O U N D E L P H T R S A
C A L M K T A D T N E Q N Z S
S O J A N M B U C A P R P A L
K S Z Z N W P P Q U W L S D A
Z S B Y T E V E L P O E P R B
N L E D I E R D Z U T K R I A
```

ANTICIPATING   OLIVE   SOUTHERN

BALSAM   ORIGINAL   SPECIAL

COZY   PEOPLE   WALLPAPER

DREIDEL   QUANTITY   WATER HEATER

NEW WORLD   SANTA HELPERS

12

E	R	U	S	A	E	R	T	H	K	S	L	E	G	O
P	C	S	Z	W	N	P	C	F	U	N	T	L	C	H
N	D	P	K	C	E	Z	K	X	U	O	O	B	A	R
G	P	E	Q	H	C	K	A	G	Z	I	M	A	S	U
E	L	C	H	G	K	S	U	R	P	T	A	I	U	E
J	E	T	S	Q	L	U	C	E	L	U	T	L	A	N
O	N	A	X	Z	A	O	L	A	Q	L	O	E	L	I
L	T	C	A	C	C	M	X	T	L	O	W	R	S	H
L	I	U	P	S	E	E	M	U	G	S	P	N	Q	S
I	F	L	R	S	H	D	L	N	B	E	J	J	R	N
E	U	A	I	T	T	O	J	C	X	R	B	E	S	U
S	L	R	C	O	Q	R	O	P	I	S	A	H	T	S
I	V	M	O	O	G	A	Z	L	U	C	K	K	M	E
M	S	W	T	R	B	U	N	A	K	N	I	L	S	I
S	R	E	E	D	N	I	E	R	G	A	S	X	H	D

APRICOT   NECKLACE   ROOTS

CASUALS   PLENTIFUL   SPECTACULAR

GREAT   REINDEERS   SUNSHINE

ICICLE   RELIABLE   TOMATO

JOLLIES   RESOLUTIONS   TREASURE

13

```
C D O S N N P C Y X R R M P E
S F N T H O P N L C E A C R S
S D O N J I H F L S E G Q E A
P N R A S T A E U E T U O B B
E O T P E A D B F C N S Q B W
P I H T S T V R T N U J T U O
O T P A I C A U H A L T C Z N
H C O E R E N A G D O W R P S
W A L W P P T R I B V C G H N
E R E S R X A Y L Q T S E U G
C E D X U E G E E O D I Q N G
E T U V S A E O D J X X C E V
Q N U R D A P J T P X B H E E
M I M I C K S O R B L L S R N
Z P I E N C H A N T E D S Z I
```

ADVANTAGE   FEBRUARY   SNOWBASE

DANCES   GUEST   SUGAR

DELIGHTFULLY   HOPE   SURPRISES

ENCHANTED   INTERACTION   SWEATPANTS

EXPECTATION   NORTH POLE   VOLUNTEER

```
R  Z  S  R  C  Y  L  D  N  E  I  R  F  H  G
X  H  H  A  G  D  R  U  M  S  T  I  C  K  T
W  O  O  H  S  N  O  I  T  A  R  E  N  E  G
N  L  C  P  S  V  R  M  K  X  F  A  T  H  F
E  D  K  D  M  H  N  W  S  L  M  J  X  T  O
K  I  O  S  A  G  E  K  G  O  U  S  Q  Q  H
C  N  C  Q  L  N  Q  E  R  A  C  M  E  S  C
I  G  D  F  G  Z  C  A  P  J  K  R  E  N  F
H  H  C  A  H  J  M  E  V  Z  Z  A  R  O  W
C  A  M  R  M  E  L  S  R  X  X  W  T  W  J
M  N  U  P  O  R  B  B  H  S  D  P  R  S  G
E  D  K  U  G  W  B  W  I  U  J  E  A  H  F
G  S  L  R  G  X  D  Q  F  X  D  E  E  O  J
Z  J  O  C  U  N  D  I  T  Y  N  K  P  E  Z
Z  E  L  I  B  O  M  W  O  N  S  Q  S  K  G
```

AROMA	FRIENDLY	PEAR TREE
CHICKEN	GENERATIONS	SHEEP
CROWD	HOLDING HANDS	SHOCK
DANCERS	JOCUNDITY	SNOWMOBILE
DRUMSTICK	KEEP WARM	SNOWSHOE

15

T	X	R	E	P	L	A	C	E	M	E	N	T	I	M
P	X	P	P	D	X	L	E	M	A	R	A	C	A	A
E	P	N	R	A	W	S	J	V	W	D	T	P	X	G
V	L	L	A	S	R	E	L	T	T	I	L	R	C	I
H	A	H	N	H	X	F	Y	H	T	L	A	E	H	C
P	R	O	C	I	J	Q	T	U	O	A	G	S	C	A
B	T	P	E	N	V	Z	G	E	M	P	X	I	O	L
N	I	V	R	G	A	Q	M	W	U	X	M	H	O	S
E	F	P	J	I	J	J	U	C	Z	Q	I	B	K	D
E	I	L	L	M	G	O	Z	B	K	I	U	S	J	Q
R	C	I	P	J	R	H	E	T	M	M	T	O	Z	Z
G	I	B	E	R	E	H	P	S	O	M	T	A	B	M
U	A	P	R	Z	E	K	A	C	T	I	U	R	F	K
H	L	S	O	E	H	O	S	T	E	S	S	C	X	V
R	E	F	F	U	T	S	G	N	I	K	C	O	T	S

ARTIFICIAL   DASHING   LITTLE

ATMOSPHERE   FRUITCAKE   MAGICAL

BOUQUET   GREEN   PRANCER

CARAMEL   HEALTHY   REPLACEMENT

COOK   HOSTESS   STOCKING STUFFER

```
Z W R W T V K E I J V X I T W
R I C H S H G B E P T X S E Z
A N C B I L F R G B Q E Z Z S
I T V L L U A Z I P T A R R T
N E P C A B F N T E M T F L A
C R K H T S O R T N X D S D R
L F Z A N V B S R W E K Q T R
O A D R A J A O Q B A D U B Y
U S E M S T C H V K E S T J N
D H V I D Q V N B O O A I X I
G I O N D R E A M L P Q N B G
B O L G L E G N A H C X E S H
E N E U M B R E L L A I X H T
R F B D X U D R E N C H E D M
S A I N T N I C H O L A S G Q
```

BARE	DREAM	SANTA LIST
BEANS	DRENCHED	STARRY NIGHT
BELOVED	EXCHANGE	TASTE TEST
CHARMING	RAINCLOUD	UMBRELLA
CORN MAZE	SAINT NICHOLAS	WINTER FASHION

```
G I R S P S U E C R U O S D D
B W O I G E T O U R I S M G W
E S G N E N E C R O W N S J G
M E L D H A K C M I F L H S I
O U I I O C A N D L I A L C F
T D S S M Y C M R S X G E D T
I G T P E D E M G S Z I S B G
V N E O W N C G U N K H S H I
A I N S A A I H Z O P T O Q V
T T I I R C P Z K W K D N I I
I A N T D O S R B S F S S H N
N L G I P I N E C O N E B F G
G O U O Z C U V V F E M R Z L
W S K N Q E C S J F Q G T K J
M I K Q S E H S I W Y L L O J
```

CANDY CANES	INDISPOSITION	PINECONE
CROWNS	ISOLATING	SNOW
GIFT GIVING	JOLLY WISHES	SOURCE
GLISTENING	LESSONS	SPICE CAKE
HOMEWARD	MOTIVATING	TOURISM

```
S  A  S  C  A  R  F  Q  Z  I  B  M  J  Z  N
N  M  S  S  E  V  A  E  L  C  C  F  S  G  L
O  E  I  I  E  G  Q  P  U  T  C  I  M  M  J
W  N  O  C  D  Q  U  A  E  N  C  F  M  S  X
B  I  U  X  P  P  I  P  V  E  I  E  F  V  S
O  C  Z  F  E  V  R  E  I  M  G  H  V  I  G
U  L  T  J  S  B  K  R  E  N  P  I  H  B  N
N  I  U  M  O  S  Y  S  C  I  E  S  C  R  I
D  D  F  F  T  G  S  D  E  A  Y  T  A  A  D
J  X  T  R  R  O  O  S  R  T  A  O  E  N  I
W  R  I  W  Q  E  D  J  J  R  D  R  R  T  T
U  K  C  Q  M  R  W  D  D  E  O  I  T  A  D
E  D  G  U  A  K  L  O  G  T  T  C  U  E  A
J  Z  G  X  R  A  X  G  P  N  N  I  O  V  L
I  C  K  S  U  S  Z  D  T  E  D  C  O  K  G
```

CINEMA	OUTREACH	SCARF
ENTERTAINMENT	PAPERS	SNOWBOUND
GLAD TIDINGS	POWERFUL	STRIKE
HISTORIC	QUIRKY	TODAY
LEAVES	RECEIVE	VIBRANT

19

```
F  L  X  G  L  I  T  T  E  R  W  P  O  P  I
E  F  Z  F  S  N  I  F  L  H  L  J  W  F  D
O  E  A  E  F  D  L  O  H  E  B  K  C  J  W
L  I  D  I  S  H  E  S  O  K  N  R  N  H  A
U  U  U  C  H  M  Q  D  N  A  B  G  I  B  R
A  Z  A  I  U  T  N  A  R  U  A  T  S  E  R
R  B  K  I  L  U  E  L  B  A  R  O  D  A  B
I  S  E  I  T  I  R  O  I  R  P  P  R  R  P
S  E  L  A  S  S  A  M  T  S  I  R  H  C  F
E  M  M  T  Z  B  S  T  F  I  G  E  V  I  G
T  H  G  I  N  H  T  F  L  E  W  T  K  W  K
Q  S  D  E  C  U  D  O  R  P  E  R  C  S  S
Z  R  O  A  D  T  R  I  P  V  X  N  E  E  R
P  S  Q  E  T  A  N  R  A  C  N  I  H  I  R
O  V  E  R  A  L  L  S  A  W  X  I  D  P  B
```

ADORABLE	GIVE GIFTS	PRIORITIES
BEHOLD	GLITTER	REPRODUCED
BIG BAND	INCARNATE	RESTAURANT
CHRISTMAS SALES	OVERALLS	ROAD TRIP
DISHES	PIES	TWELFTH NIGHT

C	R	S	A	L	C	R	I	M	S	O	N	K	I	J
E	C	H	R	I	S	T	I	A	N	I	T	Y	H	M
R	Z	J	H	E	S	S	I	A	N	S	D	B	D	J
E	K	S	L	X	Z	B	E	W	E	Q	C	N	M	P
M	S	W	U	E	M	A	U	X	G	I	O	E	S	P
O	U	O	I	S	Z	C	I	H	T	M	P	N	M	U
N	P	D	Q	N	S	K	T	H	L	E	O	W	I	M
Y	U	N	S	E	N	P	K	A	U	I	N	V	N	P
N	A	I	R	E	O	A	M	P	N	W	I	D	C	K
Z	C	W	E	Z	O	C	Z	U	J	Z	H	O	E	I
P	D	I	P	E	M	K	E	V	P	O	P	W	P	N
C	N	L	P	Q	L	R	O	N	X	V	E	O	I	P
H	T	F	I	G	L	A	S	S	E	S	K	Z	E	I
F	W	X	L	L	U	X	A	X	R	F	C	C	S	E
Q	S	B	S	I	F	B	T	T	S	I	W	J	D	K

ALMOND	EXTEND	PUMPKIN PIE
BACKPACK	FULL MOON	REUNIONS
CEREMONY	GLASSES	SLIPPERS
CHRISTIANITY	HESSIANS	SNEEZE
CRIMSON	MINCE PIES	WINDOWS

```
U T R A N Q U I L J W V O S V
M P N O I E J A P P A R E L Q
E A S U M C I E P M T M W A E
B H N D V I N W A G K G U L Q
Q O O N C N G E T S A B X L Q
S S W E E R L A G Z E F V W J
G X S T D O E C R D N L V L U
N Q U T I Y B I A E E U P G J
I R I I S T E W T L E R A D M
M E T B T H L T I I R R R F B
M S B T U G L J T G G I E O J
I A W S O U S Z U H R E N K R
R C X O T A T H D T E S T F L
T K X R A N H Z E X V O X B P
O D K F E H Z R F R E M R L V
```

APPAREL	FLURRIES	PARENT
BASTE	FROSTBITTEN	SACK
DELIGHT	GRATITUDE	SNOWSUIT
EAT OUTSIDE	JINGLE BELLS	TRANQUIL
EVERGREEN	NAUGHTY OR NICE	TRIMMINGS

22

O	K	N	D	E	S	S	I	K	W	O	N	S	S	D
W	I	M	L	C	R	E	C	H	E	R	O	O	M	G
T	X	T	H	P	I	H	S	K	S	A	M	Z	A	V
G	N	I	T	A	K	S	E	C	I	I	G	B	P	D
I	B	S	A	M	V	S	U	J	X	S	P	I	R	T
P	U	I	L	F	V	Z	E	S	U	O	H	E	C	I
M	S	V	E	F	M	T	Q	S	J	N	D	L	V	E
S	Y	A	R	E	G	E	C	S	S	C	J	P	A	C
V	T	N	T	C	L	I	J	N	K	N	H	R	A	W
G	I	G	U	B	W	E	I	W	B	A	N	R	B	K
E	R	I	A	X	W	U	J	E	K	E	T	O	P	E
V	U	T	H	Q	G	N	A	A	S	K	K	E	A	U
H	T	Q	E	N	P	V	X	T	U	Q	P	C	N	L
R	A	H	E	W	O	N	D	E	R	F	U	L	N	X
V	M	P	T	O	M	A	R	G	O	R	P	U	F	F

ALERT	MASKS	SKATE
CRECHE	MATURITY	SNOW KISSED
EARNEST	PENGUINS	TABLE
ICEHOUSE	PROGRAM	TRIPS
ICESKATING	ROOM	WONDERFUL

23

R	I	O	B	Z	T	D	F	F	A	E	L	B	X	R
E	M	G	C	E	X	R	D	M	V	S	U	U	W	A
M	E	E	P	O	P	T	E	A	F	T	J	S	K	I
A	M	C	M	E	M	L	R	T	T	O	K	H	F	N
R	O	N	S	B	I	I	A	E	N	A	Z	F	A	B
K	R	I	D	X	E	E	R	O	Z	W	I	H	I	O
A	I	U	Q	T	M	F	I	D	M	R	H	E	T	O
B	E	Q	Y	W	L	T	S	M	S	X	I	L	V	T
L	S	T	W	I	A	F	B	T	F	P	X	P	P	S
E	X	A	E	G	L	G	M	W	R	U	T	I	G	K
E	V	S	I	O	E	J	R	B	X	X	G	N	F	N
C	N	V	S	K	O	O	B	E	D	I	U	G	F	G
N	A	V	T	N	A	S	A	E	H	P	T	Q	E	R
N	U	F	L	M	Y	S	T	E	R	I	O	U	S	G
N	O	I	T	A	R	O	M	E	M	M	O	C	E	C

BUTTERFLIES	LEAF	PHEASANT
COMMEMORATION	MEAT	QUINCE
FIRST	MEMORIES	RAIN BOOTS
GUIDEBOOKS	MYSTERIOUS	REMARKABLE
HELPING	NAVIGATION	VARIETY

```
E  R  U  T  A  R  E  P  M  E  T  L  F  Q  P
V  V  R  E  F  U  G  E  D  H  M  Q  V  U  E
H  O  R  N  A  M  E  N  T  O  U  C  S  N  R
V  O  R  S  H  G  U  O  B  O  T  M  Z  C  F
F  N  R  E  S  P  E  C  T  F  U  L  D  Z  E
X  H  H  Q  V  T  G  R  T  C  F  V  G  D  C
U  D  X  N  D  T  N  E  M  A  N  R  U  O  T
K  H  O  P  E  F  U  L  F  C  B  M  V  J  K
H  S  P  I  R  I  T  U  A  L  V  K  E  I  J
S  T  H  G  I  L  S  A  M  T  S  I  R  H  C
M  E  U  R  O  P  E  A  N  P  T  N  Z  V  F
F  O  V  L  A  E  M  Z  V  U  U  K  R  T
G  V  O  R  E  M  P  I  R  E  Q  T  N  R  L
G  N  Y  T  I  C  I  L  P  M  I  S  T  B  B
Q  J  Z  V  I  D  O  L  L  S  G  S  I  D  P
```

BOUGHS	HOPEFUL	RESPECTFUL
CHRISTMAS LIGHTS	MEAL	SIMPLICITY
DOLLS	ORNAMENT	SPIRITUAL
EMPIRE	PERFECT	TEMPERATURE
EUROPEAN	REFUGE	TOURNAMENT

```
D  U  R  F  Z  Z  Q  N  S  K  I  C  L  T  L
E  T  W  Q  L  Y  R  A  A  N  I  E  H  J  V
D  O  C  C  Y  A  H  E  E  J  M  E  F  E  L
I  E  B  B  A  D  C  B  L  K  M  V  B  Y  P
S  R  Z  K  D  Y  R  Y  C  Q  A  D  P  A  F
T  S  X  G  I  D  U  L  Y  Z  C  N  W  W  N
U  V  X  B  L  N  H  L  C  F  U  E  N  R  O
O  I  S  B  O  I  C  E  I  N  L  T  A  O  I
T  U  X  M  H  W  X  J  B  S  A  W  U  N  T
H  X  E  L  B  M  E  S  S  A  T  O  G  B  C
G  T  R  R  Q  S  Z  I  C  D  E  R  H  L  E
I  C  M  G  H  C  B  K  V  M  L  K  T  X  F
R  Z  O  H  K  K  H  T  I  D  Y  D  Y  M  R
B  R  G  O  R  G  E  O  U  S  Z  B  N  X  E
H  K  R  G  N  I  T  A  E  W  S  Z  U  E  P
```

ASSEMBLE	HOLIDAY	NORWAY
BICYCLE	IMMACULATELY	OUTSIDE
BRIGHT	JELLYBEAN	PERFECTION
CHURCH	NAUGHTY	SWEATING
GORGEOUS	NETWORK	WINDY DAY

U	I	X	X	I	E	L	D	N	A	C	K	V	A	I
Q	L	V	C	R	Y	S	T	A	L	L	I	N	E	O
I	K	A	X	S	F	S	D	R	E	H	P	E	H	S
E	D	J	N	E	T	F	M	T	H	R	S	N	G	P
T	C	E	K	O	D	I	H	J	O	P	A	D	K	H
M	Q	N	T	J	I	A	U	B	J	Z	O	X	S	T
A	O	J	A	H	I	T	M	C	O	Q	H	T	S	N
R	L	O	E	R	G	C	I	L	S	W	S	Q	A	A
V	R	U	N	O	A	I	F	D	F	I	L	Z	W	I
E	G	Q	C	L	H	E	L	Q	N	E	B	O	N	L
L	L	I	G	A	I	H	P	O	L	O	S	B	C	L
O	O	E	F	D	G	G	L	P	G	I	C	K	W	I
U	B	A	Z	M	G	O	H	Q	A	T	A	N	L	R
S	I	Q	X	M	C	N	A	T	I	X	J	M	U	B
P	N	W	E	T	W	E	A	T	H	E	R	V	E	V

APPEARANCE	COLONISTS	MARVELOUS
BISCUITS	CRYSTALLINE	MOONLIGHT
BOWL	EFL MADE	SHEPHERDS
BRILLIANT	EMAIL	UNCONDITIONAL
CANDLE	LIGHTED	WET WEATHER

```
F X U U R I H Y F I N U C R D
T N W O R G M R A F D O I S E
Y F G N I G A R U O C N E P S
P R D G W V S Y D E E V A R S
I L E J F S S G W P W D P O E
C M A Z U A M K A F C P N M L
A P A R E C A L L E O E S O B
L U B L E N N A L F L A G T X
C R W C N E V R P X O C W I S
C I Z N T S F V V U N E Z O O
M T H O Q E M L Q K Y D O N L
Z Y N W G D M L D M I O L S E
V B T D P O W O G D W V V L M
B Q T A C V V L C M A E R N N
B S G S U N L I G H T S U F G
```

BLESSED	FARM GROWN	RECALL
COLONY	FLANNEL	SOLEMN
COMET	PEACE DOVE	SUNLIGHT
EASY	PROMOTION	TYPICAL
ENCOURAGING	PURITY	UNIFY

```
M H Q O T F I V G H G E D I E
S T U N R F G N I O P H D X R
O B U I H O I P I S L S N N O
C L W T B T D G W T A F A E T
P T L B A C F U A D Y X L P S
F B L E I D U L T S E B T H B
K E M M C H E F O T R H R E U
U R T O Z N A L R W E U A W V
S T K A P R O W I G E R E S G
E T T F D D C M I C E R H R U
F E P D U Q E I H I P S V E
M Z L R M S C N T L W O M F S
S O B H B L U A T W F O U A T
C B J J T C F P E W O H Q S S
S I B Q C G L I S T E N I F Z
```

COLD DRAFT   GLISTEN   NEPHEW

DELICIOUS   GOBBLE   NUTS

EATING   GUESTS   PLAYER

FATHER   HEARTLAND   STORE

FLOWERS   HOST

```
U L E G W A R M E R S M E B N
H D B K J M G T S X I B L S P
C A R V E S O U H A O E C I O
B Q L G G I D A E O J L Y L G
R U G D D C Y D K D I D C V S
O F Z M M I K C W P H U R E H
O D W T V L S A M R K R O R T
D I A E K O U N I A G T T B N
T I D X A H H D P N K S O E E
U P S T H T M I W C L Q M L M
O Q Q S S A A E W E D W P L I
P Z D N J C X S S G F K L S R
X S D R O W E V O L A V P V R
L L H T R I B E V I G L D E E
K C L R E V E A L J E S O P M
```

BOOK	**HUSKY DOG**	**OUTDOOR**
CANDIES	**LEGWARMERS**	**PRANCE**
CARVE	**LOVE WORDS**	**REVEAL**
CATHOLICISM	**MERRIMENT**	**SILVER BELLS**
GIVE BIRTH	**MOTORCYCLE**	**TEXTS**

30

```
S H U J F E E X C T X J T T S
A I D Z R S C C E S B J N S T
C L U S O K V R N G N K E S E
R I S O K U R X A B J E M E E
E M H R E I J H B X V X A N W
D C Z V F Z N I O S V J T E S
P X W I C Z G S N L F V S U I
H C C D P O Z M S G Y Q E G R
H B E F E R Z R A L L D T A Z
B T S I L A I C E P S E A V D
P C A F I E V I T A L E R Y W
I Z N S E I R O M E M E K A M
T C B H S L O R A C G N I S T
R R A E L C B L I K T I M E T
Z Q S L L E B H G I E L S N U
```

CHOOSE	RELATIVE	SWEETS
CLEAR	SACRED	TERRIFIC
HOLY DAY	SING CAROLS	TESTAMENT
JINGLE	SLEIGH BELLS	TIME
MAKE MEMORIES	SPECIALIST	VAGUENESS

```
D H W O C H E E R I N E S S F
C E O H I S W E E T A M X B R
O O O E E F F O D D T N A E E
M V L R F X K G J E B J V N E
M J B I O V L I L D A O F O Z
E T L T L O O A Q A I H M I I
M S A A D B F N E O E Z I T N
O O N G R U S T Z L I A D A G
R R K E C N N F K W J C B C T
A F E N B E I S G X J I O U L
T K T N Q Z K D E T T O D D H
I C G P I N E A P P L E G E O
N A H U N O P D N U O R G D W
G J J O Y O U S N E S S P Z K
L K N Z J W V E H N V J J O U
```

CHEERINESS	GIANT	KINSFOLK
COMMEMORATING	GROUND	LOADED
DOTTED	HERITAGE	PINEAPPLE
EDUCATION	JACK FROST	SWEET
FREEZING	JOYOUSNESS	WOOL BLANKET

```
L D I K A D J T S P O P P P S
T Y T R A P O F O S R K M S A
A F N D N S C S O C L U L U I
H U G N I V I G F O Y O J A H
S B K J T T N R E M X F B E W
A U U A I I E F U G K A A Z M
T T P V L A N S S D L R F Z O
N L E L D U I U H A T W M T R
A I I I V C O G N B T E V K A
S H N G I I O C E J X Q U I L
C G R P G V E A G S S W T D I
P B N I E D T P I L R D V K T
O K L N P Y A R D W O R K R Y
F E S S A S T U N T S E H C G
R T K N K N O E L R R D P Z T
```

BALANCED	MORALITY	POSITIVE
CHESTNUTS	MUSIC	READING
CHILLING	NOEL	RELIGIOUS
HEARTBEAT	OVEN	SANTAS HAT
JOY OF GIVING	PARTY	YARD WORK

33

```
G X S R E M R A W D N A H Z X
N I J P E G I E K W I D W D W
I N W I N L R T J C V R O E U
L K P R T O N E S S A I B V N
L F K N H G B R G R D A N O E
E R X T U G S L G N P B H R N
T E X S S S V W D T I G O P D
Y L R A I N A J I O G G M P I
R F H P A O U S K X V G E A N
O F W E S W M H I F I X L A G
T U P H T F A S N L X S A T P
S M D T I A K X A W E F N N R
X O K S C L J R R X N G D A D
G X D Q I L K D A U N N S S O
G N I K C O T S B U E B E D T
```

BAPTISM   KINARA   STORYTELLING

ENTHUSIASTIC   MUFFLER   THE PAST

GINGER   SANTA APPROVED   UNENDING

HAND WARMERS   SNOWFALL   VIXEN

HOMELANDS   STOCKING

34

```
U E R O Q O E F D N A L E C I
S X S S B U R Z S E V R A C S
E C A N R O L N B B A P C C Z
I H E N O G R V A F B A V T K
V A I B P O S E Z M K J E F A
O N P T Z Z T O D E E Q A N L
M G E C W E W R K B J N J T C
H E C W H F W U A O R E T B G
C G N K Z I L P F C C F A S Z
T I I S W Q P N L E M K V G T
A F M D V S G S I Q E U Z U F
W T N O B L E N E S S Z P F A
S S O E S E I R R E B M W U V
L E G A L H O L I D A Y W F E
Z E I R E L A X A T I O N Z O
```

BAKE	CHIPS	NOBLENESS
BERRIES	EXCHANGE GIFTS	ORNAMENTS
BORED	ICELAND	RELAXATION
CAKE	LEGAL HOLIDAY	SCARVES
CARTOONS	MINCE PIE	WATCH MOVIES

35

M	C	E	S	F	Q	A	I	M	H	S	S	C	S	B
O	D	Z	U	X	N	Q	K	D	E	E	A	E	K	E
U	E	D	J	Q	J	K	C	I	H	S	V	Q	B	N
N	F	A	R	G	C	Z	D	S	S	I	F	V	N	D
T	I	R	I	Z	M	U	I	O	T	A	T	C	G	I
A	N	K	U	X	T	W	R	A	E	V	Z	F	N	N
I	I	N	K	S	L	T	L	F	S	A	E	I	I	G
N	T	E	K	Q	E	E	O	Q	A	L	P	S	T	A
S	I	S	S	D	R	P	I	W	S	A	T	H	H	R
X	O	S	U	B	J	L	L	N	D	N	N	I	G	P
S	N	W	S	U	H	Z	E	O	N	C	I	N	I	G
B	Z	L	E	G	F	C	M	S	E	H	A	G	L	C
S	O	H	J	W	M	T	V	S	I	E	S	V	G	F
M	I	S	I	G	Q	B	Z	E	R	U	F	B	U	N
D	S	O	I	M	U	Z	H	L	F	H	W	V	A	V

ASSORTED	FISHING	MOUNTAINS
AVALANCHE	FRIENDS	RELATIVES
BENDING	JESUS	SAINT
DARKNESS	LESSON	STUDIES
DEFINITION	LIGHTING	WISHES

36

U	U	B	P	U	J	F	Z	F	H	O	L	L	Y	Q
A	T	M	E	X	L	S	B	R	W	P	R	X	U	K
D	R	A	J	F	P	T	H	O	N	Z	M	E	Z	N
F	E	T	Q	I	D	W	W	N	O	H	K	L	K	N
O	R	D	V	R	L	G	G	T	O	T	L	B	L	Q
R	S	L	E	E	O	I	J	D	P	S	O	A	E	X
T	K	N	U	R	C	D	K	O	S	U	Y	T	T	L
U	S	X	S	F	O	V	G	O	A	G	A	C	T	I
N	A	L	E	E	R	V	T	R	E	D	L	I	U	N
A	L	D	C	I	R	E	A	M	T	N	M	D	C	P
T	T	H	U	H	M	U	E	L	O	I	V	E	E	C
E	C	G	D	S	O	Q	G	H	F	W	G	R	M	D
U	D	M	B	N	Z	H	K	I	C	L	E	P	A	H
V	A	P	L	G	N	I	K	L	A	W	S	N	A	F
P	Z	I	M	S	H	O	P	P	E	R	S	U	O	A

CHEERFUL	FRONT DOOR	SHOPPERS
COLD	HOLLY	TEASPOON
FIRE	LETTUCE	UNPREDICTABLE
FLAVORED	LOYAL	WALKING
FORTUNATE	SALT	WIND GUST

37

```
H Q R W Y L P E V E A J J J T
A C T W T D W H P V C F G K B
R L H W I Y T I V I T A N V L
O T E K L E H X V T I N I L G
N O R D A T P A W A N G B E K
E Z M K U Z O K H I O N T A C
M E O D Q X V G Q C Z I S P I
H P M Y E K C O H E H D C I T
T O E P X O V A M R U I E N S
R R T U T X M R E P M R N G M
O D E B X T I N Q P O R T H O
F R R T A Z L N M A R E S U O
M A B D H T O Q M S Q V R H R
O W B D M E H A Z A L O E K B
C A L A I T T E S N I O P B E
```

APPRECIATIVE	HUMOR	POINSETTIA
BROOMSTICK	LEAPING	QUALITY
COMFORT	MENORAH	SCENTS
HOCKEY	NATIVITY	THERMOMETER
HOT BATH	OVERRIDING	WARDROPE

38

I	G	A	M	W	O	R	S	H	I	P	E	R	B	K
X	E	S	N	E	C	N	I	K	N	A	R	F	N	W
U	S	K	N	A	H	T	E	V	I	G	U	Q	G	P
U	I	Q	H	A	S	F	D	S	X	D	K	B	N	G
K	P	U	K	S	R	R	S	X	P	T	G	F	G	Z
N	Z	G	S	O	V	R	U	U	P	S	E	B	N	G
N	A	N	S	G	P	X	D	F	J	A	B	K	I	N
N	M	T	C	T	K	A	G	G	T	X	V	T	L	I
F	Y	T	F	O	D	T	N	U	A	A	V	N	Z	K
X	H	P	L	O	D	U	R	Q	R	M	Z	I	Z	K
E	U	Q	S	O	M	E	U	O	I	D	I	P	A	V
I	W	E	N	C	E	S	L	A	U	S	X	N	D	C
Y	A	D	S	A	M	T	S	I	R	H	C	P	G	Q
G	I	A	O	V	E	R	S	H	O	E	S	V	O	E
U	S	A	N	C	T	U	A	R	Y	T	Z	A	U	I

CHRISTMAS DAY	GAMING	OVERSHOES
DAZZLING	GIVE THANKS	RUDOLPH
FEATURE	KING	SANCTUARY
FRANKINCENSE	MAGI	WENCESLAUS
FROSTY	MOSQUE	WORSHIPER

```
K G C X U R C B G S R N R O V
J E U I E B X S S E N A F L N
D Z S H D O A P L O L T I I A
V N T M T M M A F U T U R E T
G O O D A W T S C N Z R A K I
M R M J O I G E I K Q C H V V
M Z A O O G S A Q L I K X B I
H P N N E V J T B R A J I C T
N U S E T I H W E A E Y X I Y
P W Z X F K I M N V T U O S S
I X P C I E A Z A X S N O R C
Y T R A P Y A D I L O H A G E
V C S E T U C T T F D L F S N
Z O R E Z W O L E B N N Q J E
B H V C I G A M J H V T L G M
```

AMERICA	HOLIDAY PARTY	RELATIONS
BELOW ZERO	MAGIC	ROYALISM
CUSTOM	MOTHER	SANTA BAG
CUTE	NATIVITY SCENE	SECULAR
FUTURE	PAJAMAS	WHITE SUN

```
S S S E N L U F Y O J C N X H
E H S O Q S Z U W P X U N G J
T G N I D N A T S R E D N U U
H E L A I N O L O C K S L H D
E T H M C K W P K N H L J O N
E E K D B H M X I C F E G M A
C H F V A U R R H F A D N E L
H D W Q B K D D U R A E I M R
J O L I D V G E M T U N T A A
P R P N N D R A T S U C L D G
U W Z O I J G Q U K E C E E E
M L B L B X U P B I X L M W N
A E A H E A V Y S C K P I M I
R E V O C W O N S K X K V A P
E I P E C N I U Q C W S G R H
```

COLONIAL	HOMEMADE	PINE GARLAND
CUSTARD	JOYFULNESS	QUINCE PIE
DRINK	KICK	SLED
HAIL	MELTING	SNOW COVER
HEAVY	NUTMEG	UNDERSTANDING

41

```
B J O A X O T S Y L A T A C F
L X N N T R I U M P H A N T Q
S S N O W S T O R M W J P V A
G H S L A C I T S A T N A F Q
T M E R R Y M A K I N G S I R
D J S E K A C N A P V G N U E
G N I L K C A R C E B F V S A
B V R V O N Q R R R L S N Z D
U K W D Z L R Y A A P A I W B
G S E F V G M N T R D F N L O
V O B K R E D A I R N R Q X O
N L U W R I B G O B A U R P K
W T W R N L P D Y H T R A E S
Z V Y G E W E L L K N O W N S
M Z H O I C E C R Y S T A L I
```

BRANDING   ICE CRYSTAL   SNOWSTORM

CATALYST   INFLATABLE   SPRIG

CRACKLING   MERRYMAKING   TRIUMPHANT

EARTHY   PANCAKES   VERY MERRY

FANTASTICAL   READ BOOKS   WELL KNOWN

42

```
O E B A T J P S I Y S V C T X
M R L G X V F F L N A F P T T
W A E B H N R O Q D M Z G R Y
T B G W A I H I D N X R G N W
W K E U A V B U O U E T I Z O
E F J F D R O T G J V V J O N
L C R O D N D R S W G B O A S
V W J R A H I I P S T A T L G
E M M A N U E L N M U U V M C
D M R S C L A U S G I N O Y P
A T E S I R P R U S V W F C G
Y P G A Z E B O K S D A W N S
S J J V I R J P J D Q C U A U
T U B Y U L E L O G G R H F A
N B X Q P L S E N D I N G Z O
```

CLOVEN	HOLY	SNOWY
DOGS	IMPROVABLE	SURPRISE
EMMANUEL	MRS CLAUS	TWELVE DAYS
FANCY	REWARDING	XMAS
GAZEBO	SENDING	YULE LOG

```
J Q D O G C D D W C R E C V J
R A U B E H E G O Q E M A X Y
E K B S I D I L L J H B F J T
U Q S E B E R D L W T R X G I
N D T R L C D V E J E A Q N L
I I N V P I E H Y Z G C A I I
O B E A U P W J J R O E H F U
N J M N Z S I Z C T T M M F Q
O N E C K M E K R P O M K U N
C F L E D E T T I M M O C T A
W A E V S A G Z S Z I U B S R
W J T M I S T L E T O E R L T
H S I W S A M T S I R H C S N
F Z P Z K A M H C I D G S J O
U G U R T L X X C R E H T O M
```

BOOT	EMBRACE	SPICED
CHRISTMAS WISH	MISTLETOE	STUFFING
COMMITTED	MOTHER	TOGETHER
DRIED	OBSERVANCE	TRANQUILITY
ELEMENTS	REUNION	YELLOW

P	Z	F	D	E	T	R	A	E	H	Y	P	P	A	H
M	K	A	B	R	D	I	I	I	K	D	S	F	M	I
A	L	N	Z	F	M	R	J	Q	J	Q	G	J	N	H
P	M	T	J	G	O	X	A	A	H	Z	W	C	P	E
G	N	I	L	K	N	I	T	G	L	V	A	P	F	T
Y	A	D	G	N	I	X	O	B	O	R	T	L	B	A
F	H	E	A	V	E	N	L	Y	N	N	A	Y	L	R
S	A	Y	I	N	G	R	S	A	I	T	R	H	O	E
S	N	H	W	R	J	M	T	I	B	T	L	V	V	D
T	I	W	R	L	O	I	V	R	N	Y	M	B	E	I
R	Z	A	P	T	O	I	E	A	F	F	R	F	L	S
E	K	E	S	N	S	A	E	W	J	F	H	V	Y	N
E	T	U	G	I	D	G	P	W	F	U	V	X	D	O
T	C	P	T	U	A	S	A	L	D	L	Q	S	R	C
Z	O	O	Z	P	J	H	C	F	R	F	C	B	H	V

BOXING DAY	FLUFFY	PAGEANTRY
CONSIDERATE	HAPPY HEARTED	SAYING
CUSTOMS	HEAVENLY	STREET
DRAGON	INCARNATION	TINKLING
FLAT BREAD	LOVELY	VISIT

45

```
F  W  X  C  O  N  N  E  C  T  I  N  G  I  A
G  C  N  E  C  U  A  S  D  R  A  H  R  G  H
U  S  C  I  S  W  O  P  Z  M  G  S  C  L  P
O  E  M  K  V  S  H  Q  Q  W  N  C  G  W  Q
G  V  H  I  U  F  G  H  X  A  C  O  D  E  X
N  C  A  N  A  J  K  N  R  W  G  F  A  K  D
I  H  R  O  J  O  K  M  I  L  D  F  J  B  R
D  E  M  I  P  G  X  A  E  T  G  E  H  F  E
I  C  O  T  E  G  P  H  D  O  E  E  V  R  H
T  K  N  N  R  I  U  G  O  O  A  E  E  Q  P
D  L  I  E  O  N  C  S  K  B  R  T  R  D  E
A  I  O  T  N  G  E  L  Z  V  S  I  B  G  H
L  S  U  T  G  J  Z  A  W  M  X  E  N  D  S
G  T  S  A  I  G  Z  J  A  V  Q  T  P  G  R
T  R  X  X  J  X  R  H  U  X  B  P  R  C  I
```

ADORING	CUP	HARD SAUCE
ATTENTION	GLAD TIDING	HARMONIOUS
CHECKLIST	GOOSE	IGNORE
COFFEE	GREETINGS	JOGGING
CONNECTING	HAMSTER	SHEPHERD

46

F	Q	S	T	N	A	R	R	U	C	K	V	K	D	Q
Z	I	D	G	N	I	D	D	E	L	S	G	N	V	C
G	V	R	N	Z	F	O	B	O	F	F	E	N	W	U
N	M	G	S	A	P	T	Q	U	B	G	C	M	L	H
I	D	S	G	T	L	X	U	U	E	A	P	Q	D	F
H	T	R	D	N	S	D	D	L	A	B	W	J	C	R
S	R	O	F	N	I	N	O	S	D	W	O	R	C	E
I	A	U	F	P	E	K	O	O	E	Z	L	B	O	C
F	V	N	D	B	W	I	A	W	W	B	J	A	V	I
E	E	P	G	K	F	L	R	E	F	G	S	B	V	P
C	L	H	N	E	W	S	S	F	R	A	C	Q	R	E
I	R	S	A	Z	L	K	S	O	T	B	L	L	L	N
N	O	I	T	A	I	T	A	S	N	S	X	L	U	C
S	U	A	L	C	A	T	N	A	S	G	E	L	Q	E
I	F	R	Y	N	N	A	R	G	S	N	T	B	T	W

ANGEL	FIRST SNOWFALL	SANTA CLAUS
BEST FRIEND	GRANNY	SATIATION
BREAKING	ICE FISHING	SLEDDING
CROWDS	LEGEND	TRAVEL
CURRANTS	RECIPENCE	WOODLAND

```
C O O O L T M I G F G N H S A
N L O Z J A H K O A Z S E X I
G B O X W S K L R K I L J H T
X C F V E C H E D R B P D C Q
J B E R E L O E U A I H A X R
X A F T H S T O T E L M E Q E
A U M N L I L E H W R L R J L
B P P B C F G T C K R U P Q I
S S Z X O E A D A O T V S W G
O K E V V E L N G L U R K F I
L A A A N I D E W O N S W W O
U T F E W F L B L M R W I R N
T E B J Z G N I T S U R T N G
E S D O B S E R V A N C E S T
N H W G N I Y F I S N E T N I
```

ABSOLUTE   FLOURISH   SKATES

BENEATH   FRESH   SNOWED IN

CLOVES   INTENSIFYING   SPREAD

COUSIN   OBSERVANCES   TRUSTING

EXCITED   RELIGION   VEGETABLES

48

```
W Y N E N A C Y D N A C J E I
I U W E A R D D G C D M B T I
N L O U X K U E H T R U O F Y
F E D Z J N I E X N G C A B E
A C T X H O H O H O O F N X S
N L N I A I S O R G B Q L A R
T A U W F R S U I T P X B C E
F N O U F E R K V U V F W A J
O R C R A T E C A L P E R I F
A U X H M S X H Q Z U U C H K
S T V E O I G O R W M L Q Z N
D C K G U S X E W T T H T T K
P O A P S Z E C N E R E V E R
G N D V M H O T S H O W E R J
W M Y T I S O R E N E G B L F
```

CANDY CANE	GENEROSITY	NOCTURNAL
COUNTDOWN	HOHOHO	REVERENCE
FAMOUS	HOT SHOWER	SISTER
FIREPLACE	INFANT	SUIT
FOURTH	JERSEY	YULE

H	I	A	J	G	D	C	Y	C	E	E	L	F	V	H
O	V	U	L	G	X	I	Q	E	P	F	T	I	C	O
N	H	B	O	N	O	N	N	N	Q	H	G	Q	E	L
A	T	T	E	N	D	E	D	N	T	B	H	D	X	I
B	R	E	A	K	F	A	S	T	E	D	M	F	P	D
B	D	S	S	E	I	K	O	O	C	R	U	U	E	A
A	E	L	B	A	R	O	N	O	H	R	Q	B	C	Y
M	H	T	N	E	E	T	F	I	F	O	L	D	T	S
N	O	I	T	C	E	L	F	E	R	O	I	D	A	E
C	P	G	N	I	V	I	G	A	S	M	X	E	T	A
B	X	J	V	K	E	S	P	S	W	K	H	R	I	S
C	C	G	U	S	S	U	O	U	T	R	I	V	O	O
H	N	U	E	L	U	M	S	W	K	E	V	N	N	N
A	T	D	C	R	Y	S	T	A	L	S	T	I	S	E
A	V	D	N	I	Q	R	M	R	A	F	E	E	R	T

ATTENDED	DINNER	HOLIDAY SEASON
BLOSSOM	EXPECTATIONS	HONORABLE
BREAKFAST	FIFTEENTH	REFLECTION
COOKIE	FLEECY	TREE FARM
CRYSTALS	GIVING	VIRTUOUS

```
D O Q Z C G N L E T Z N I U B
R M B O I I P X U S H L T G I
A L O X M Q U S N A I A T M R
C I U D Q V L S I P S U E R T
T S D F U X M K A S U T H C H
F T E E S L O I M A B I G S D
I U T N V S U M E M F R A E A
G N E O K B I S R T A K P R Y
N L R I Q N L L U S M R S U S
I A M T E T M X B I I G E T X
D W E P D E P J F R L W G C B
V D N E B E U R G H Y D H I F
D I E C M O P N D C H O M P P
U C D E T A O C R U F O K K D
W S L R Q I G K U U E G E K E
```

BIRTHDAYS	GIFT CARD	REMAIN
BLISSFUL	GOOD	RITUAL
CHRISTMAS PAST	MODULUS	SPAGHETTI
DETERMENED	PICTURES	SUBFAMILY
FUR COAT	RECEPTION	WALNUTS

```
N O I T A M I L B U S M F L D
A B G R S B R E D D A L N N E
Z T I R I P S V U M C S O R D
G V K U K T T V W S F F I U Q
D R E J O I C I N G A A T T E
E F F O Y A D R B N V Z P A G
W M N F L C T M N S A M E S A
E T S T E K N A L B N M C R I
D W I F B J S J V A I Q N X R
L N I N X P H B D J L S O X R
I X M P S S B A B Y L V C L A
M Q M H I E L B Z K A I M B M
G J J A Z A L N K E L G S B G
B G Q M S F C J C R D L C B M
X T F D R A G E R O B C J E B
```

BABY	LADDER	SATURN
BLANKETS	MARRIAGE	SPIRIT
CONCEPTION	MILDEWED	SUBLIMATION
DAY OFF	REGARD	TINSEL
HAM	REJOICING	VANILLA

52

```
F H P S I R C Z X Q P V A M T
C H C H I P Y E N M I H C R T
J J X D V D R U S H E D E Q B
G Q N A A C M G Z F M E W U E
B J U I Z N N U T N L A T R S
K E O T K S C S T B T T F U J
Z Q L V F P Z I Q V O T I X H
R E G I E B M C N N U A X S P
S O L I E R H U S G K L V S S
W T V B F F C P P Z Z A K E B
V M S R M Z T O B Z Q M M N G
B T E I E U I K A R O S Q D W
U E E T L F H X R T D I R N E
S K A J F T Q J Q R F D B I U
H I G I N G E R B R E A D K D
```

BELIEF	DISMAL	LISTS
BUTTONS	FERVOR	OVERCOAT
CHIMNEY	GINGERBREAD	PUMPKIN
CRISP	HUMBLE	RUSHED
DANCING	KINDNESS	TREE

```
P N D H U V A C E H Z R T L D
G B A S I I N T E C E I Q T N
G Z R A P M O J R N C A D P O
Y V M N N G I Z T U H H I O I
G B C T R I T E L L Y S S V T
F O L A E U C V A L E E P E A
K G O S T X E O I E L R L R R
Q E U L T G L T C O L F A G E
O F D I A T L S I N O B Y R N
M X S S P X O D F X W X O O E
V U W T B X C O I U S U J W G
F K Q T N I V O T E N J I N E
C K H F L K N W R Y O G N U F
C U R L I N G L A O W J T V C
X A R C P D I N J J Q D Z G N
```

ARTIFICIAL TREE   **FRESH AIR**   **OVERGROWN**

CLOUDS   **GENERATION**   **PATTERN**

COLLECTION   **HAZY**   **SANTAS LIST**

CURLING   **JOYEUX NOEL**   **WOOD STOVE**

DISPLAY   **LUNCH**   **YELLOW SNOW**

54

P	A	R	T	I	C	U	L	A	R	L	Y	Q	A	F
B	S	S	W	G	O	O	D	F	R	I	D	A	Y	J
W	J	W	P	V	D	E	U	L	A	V	O	A	K	A
O	S	T	R	O	F	F	E	S	Q	Q	C	I	L	S
N	C	S	E	G	N	A	R	T	S	J	N	T	U	F
D	A	M	L	G	H	J	H	I	U	D	P	I	E	O
E	S	D	O	P	G	F	U	A	W	U	R	J	W	F
R	S	L	O	N	B	M	S	O	G	D	W	B	P	F
Q	E	J	H	I	C	U	R	R	E	L	O	O	C	I
N	R	X	C	Z	K	D	L	H	U	A	S	W	J	C
Q	O	O	S	X	S	N	X	S	S	T	A	R	T	I
D	L	Z	O	Z	R	L	S	S	L	T	R	E	E	A
H	E	Q	N	R	P	R	E	S	E	N	T	S	Q	L
O	A	H	D	E	T	P	O	D	A	P	V	T	J	O
F	B	D	S	L	A	T	I	P	A	C	U	R	J	P

ADOPTED   GOOD FRIDAY   PRESENTS

CAPITALS   KIND WORDS   STAR

CASSEROLE   NO SCHOOL   STRANGE

COOLER   OFFICIAL   VALUED

EFFORTS   PARTICULARLY   WONDER

55

U	G	D	P	U	D	D	I	N	G	P	Q	V	S	V
M	I	D	E	I	F	I	R	A	L	C	K	O	H	Z
N	J	D	L	P	E	A	C	E	F	U	L	T	X	T
E	B	J	Q	M	G	B	S	P	E	G	A	K	S	M
E	R	G	X	V	H	E	M	L	O	E	Z	E	E	O
R	E	A	S	T	E	R	N	Q	R	T	A	E	M	D
G	L	E	B	R	T	B	E	W	M	H	A	R	A	N
D	U	R	H	I	B	D	R	P	P	S	I	T	G	A
N	I	X	P	N	I	E	B	E	N	U	R	S	O	R
A	R	P	I	G	T	B	B	O	G	K	Q	A	E	D
D	W	S	I	N	Q	K	O	B	T	F	X	M	D	G
E	R	R	I	R	K	L	F	U	B	F	N	X	I	N
R	F	W	D	K	L	W	E	L	P	M	E	T	V	K
H	S	E	V	A	E	L	G	N	I	L	T	S	U	R
Q	M	M	B	F	S	I	M	P	L	I	F	Y	C	C

BALLOONS	POTATO	SIMPLIFY
CLARIFIED	PUDDING	TEMPLE
EASTERN	RANDOM	VIDEO GAMES
FRIGID	RED AND GREEN	WINTER WREATH
PEACEFUL	RUSTLING LEAVES	XMAS TREE

56

T	A	P	Y	T	I	N	U	L	N	H	W	B	U	X
Q	Y	F	K	U	N	O	V	U	O	E	B	R	S	H
T	T	U	M	T	A	S	V	K	I	A	K	W	R	I
O	I	R	U	A	E	A	I	D	N	T	Q	R	S	K
N	L	I	T	R	B	E	C	M	U	E	Q	V	I	Y
G	A	B	U	X	Y	S	T	C	E	D	B	W	M	A
U	U	B	S	U	L	D	N	U	R	M	M	J	I	D
E	T	O	U	W	L	L	A	Z	Y	T	Q	C	D	H
B	I	N	H	V	E	O	E	Z	L	P	T	R	N	T
O	R	T	W	V	J	C	G	X	I	U	S	D	I	R
A	I	R	C	O	M	Q	A	O	M	N	E	C	G	I
K	P	A	O	P	A	N	P	V	A	C	N	B	H	B
F	S	A	B	L	P	C	T	N	F	H	I	G	T	S
M	V	M	H	O	T	C	O	C	O	W	F	F	M	V
E	U	G	N	I	K	A	T	H	T	A	E	R	B	G

BIRTHDAY	HEATED	PUNCH
BREATHTAKING	HOT COCO	RIBBON
COLD SEASON	JELLY BEAN	SPIRITUALITY
FAMILY REUNION	MIDNIGHT	TONGUE
FINEST	PAGEANT	UNITY

```
O  Q  G  Y  T  S  T  F  I  G  N  E  P  O  Q
G  N  M  S  R  Q  F  I  W  R  X  Q  H  R  O
S  V  Z  R  E  E  D  R  E  A  R  Y  C  E  W
L  O  N  E  D  C  N  S  T  O  O  B  U  C  Z
W  B  O  E  S  L  E  E  M  Z  T  B  B  N  J
O  M  I  H  C  U  O  G  E  B  T  I  W  A  S
N  I  T  C  H  C  S  C  R  R  O  Q  O  D  E
S  W  C  U  E  L  E  T  R  N  G  L  D  J  I
H  L  U  A  R  A  F  L  E  E  L  D  A  G  L
S  R  D  N  R  W  Q  Z  E  N  T  B  E  Z  I
E  H  O  K  I  B  H  N  N  G  A  T  M  B  M
R  Q  R  P  E  K  M  R  A  R  A  N  I  X  A
F  G  T  R  S  K  P  M  H  G  Q  N  C  B  F
E  A  N  S  A  X  I  S  Q  D  T  L  T  E  P
C  A  I  P  H  E  C  S  T  A  T  I  C  J  I
```

BITTER COLD	DREARY	GREENERY
BOOTS	ECSTATIC	INTRODUCTION
CHEER	ELEGANT	MEADOW
CHERRIES	FAMILIES	OPEN GIFTS
DANCER	FRESH SNOW	SUSTENANCE

58

```
S D K C Y D U O L C E J M V P
Q B Q G S N O W F I G U R E J
X S T U N N I N G W E E Z P F
H A Y T I N U M M O C A D B I
S P H O N E C A L L S S U E G
T Q H D R A C Q W U D D C I G
H G D S W J I U M E J A K R Y
G G S N I A V C C O L D S O P
I A N V Q D S O C W O X F L U
L S X I T X R S A P P P M A D
M O O G K A N F A H V W U C D
T A F I T O Q N C I C J P W I
E L K E F H O M O E L V K O N
M H D S Q G C C V Z W Q X L G
S A W M X R E D R E S S X U D
```

CARD	DISH	PHONE CALLS
CLOUDY	DUCKS	REDRESS
COMMUNITY	FIGGY PUDDING	SNOW FIGURE
COOKING	LIGHTS	STUNNING
DECORATED	LOW CALORIE	WASSAIL

59

```
I M X L G N I V R E S E R P Q
N Z N H G D F V S T A E R T I
S U E R I F G N I R A O R F O
P U M Q R L T V Y T I R A H C
I T K O T E Z R E H T O R B B
R V G N I T T E S E L B A T K
A A O O S K N A H T N I P M D
T A D V D H T R D Q E G O P D
I L A I C A L G J G D E G U Q
O R N K A E L B U S R S T B Q
N I P N W K N O I N A P M O C
A M B H C J C D B C G E U M M
L P X R Q T H E O F F I C E G
C P W F T R G P R I E S T O C
N O I T A I L I C N O C E R C
```

BLEAK   GLACIAL   ROARING FIRE

BROTHER   INSPIRATIONAL   TABLE SETTING

CHARITY   PRESERVING   THANKS

COMPANION   PRIEST   THE OFFICE

GARDEN   RECONCILIATION   TREATS

T	B	A	E	T	O	T	T	F	O	T	O	G	C	B
W	E	R	G	T	U	O	I	T	R	A	P	T	C	J
X	V	C	Z	X	T	S	N	O	S	E	E	C	H	S
T	Q	N	R	Q	H	B	O	A	G	T	G	E	X	X
N	F	C	B	U	A	F	F	P	I	X	L	F	M	Q
M	Z	D	L	U	T	R	A	L	U	P	O	P	S	H
U	P	D	B	O	N	E	S	T	F	Q	L	J	I	P
T	J	L	P	X	U	B	N	E	C	H	J	D	T	P
U	E	S	T	N	W	D	B	S	X	W	M	Y	O	B
A	W	O	E	D	U	V	I	F	I	O	B	B	I	B
F	U	A	W	G	I	G	B	N	G	L	B	A	R	K
O	O	D	E	X	I	M	V	G	E	S	K	L	T	B
D	W	H	I	M	S	Y	R	G	T	S	K	L	A	O
N	J	L	A	N	O	S	A	E	S	A	S	U	P	K
E	N	H	E	T	I	H	W	W	O	N	S	L	A	H

BAUBLE	LULLABY	ROOFTOP
BOXES	MIXED	SEASONAL
CLOUDINESS	OUTGREW	SNOW WHITE
END OF AUTUMN	PATRIOTISM	UTENSIL
FISH	POPULAR	WHIMSY

61

S	O	G	S	G	I	V	O	S	F	J	E	P	L	M
T	G	T	N	S	C	F	L	T	L	X	G	X	S	M
K	C	N	C	I	E	A	I	S	W	V	O	N	N	D
A	E	F	I	S	D	C	X	O	E	W	O	C	O	W
E	R	T	S	D	T	N	N	C	Q	T	R	U	I	U
R	E	W	N	U	I	E	A	I	V	S	C	B	T	N
B	M	V	T	H	G	T	P	T	R	P	S	J	S	B
R	O	D	T	P	C	A	Y	F	S	P	A	G	E	O
E	N	Q	U	N	O	T	R	A	A	T	H	Z	U	X
T	I	S	S	U	J	A	R	P	D	M	U	E	Q	I
N	O	O	M	Y	E	N	O	H	L	I	I	O	S	N
I	U	R	T	R	E	F	B	U	B	U	L	L	Q	G
W	S	G	J	E	W	E	R	L	Y	J	M	O	Y	X
X	E	U	G	O	G	A	N	Y	S	F	I	A	H	P
I	L	L	U	M	I	N	A	T	I	O	N	H	D	E

CEREMONIOUS   JEWERLY   STEPFAMILY

COSTS   OUTSTANDING   SUGARPLUM

HOLIDAY TIDINGS   PRINCESS   SYNAGOGUE

HONEYMOON   QUESTIONS   UNBOXING

ILLUMINATION   SCROOGE   WINTER BREAK

62

```
R O P H E N O M E N A L S E T
P W T Q M N F J S M X Z E C P
O E M K I P J B N O Q H D K X
Z E O L D G H N Q W G G I R E
Q S S G N T S E E E Q R U E F
V K Z I R P K R L D H A G Y H
L C X D G Q K D B D N N T A E
A O V M C N J L A I A D F R A
S S F P O E Q I V N M S I P R
R C S M I N K H E G E O G G T
E K L J A I S C I J S N E N F
V N O Z I L A T L L I J E N E
I Y H U M I P I E U W O O R L
N C A R P E T I B R B C E F T
U P F A P F M K R N V T P P N
```

BELIEVABLE	HEARTFELT	SIGN
CARPET	JOY	SOCKS
CHILDREN	MONSTER	UNIVERSAL
GIFT GUIDE	PHENOMENAL	WEDDING
GRANDSON	PRAYER	WISEMAN

63

```
T  R  K  C  O  M  E  D  Y  Z  Z  G  Q  L  L
Q  L  J  H  X  I  L  D  S  P  O  S  K  B  O
L  T  I  O  I  C  E  C  O  L  D  T  R  E  V
A  I  L  A  G  E  R  W  Q  Q  A  R  G  P  E
G  A  M  L  E  Q  S  Q  I  U  N  E  G  L  P
U  J  O  X  A  U  T  C  C  S  O  S  G  U  X
H  A  X  H  M  T  A  T  P  O  H  S  W  M  P
R  Q  A  X  P  F  C  P  J  G  K  H  I  P  N
S  K  B  R  C  H  I  P  M  U  N  K  N  U  E
Y  D  D  O  T  T  O  H  J  O  C  E  S  D  V
P  I  X  I  E  B  A  P  P  Q  F  D  Q  D  L
J  R  N  U  O  F  I  Y  E  K  R  U  T  I  G
V  N  I  A  R  N  O  I  T  U  A  C  P  N  W
E  X  C  I  T  E  M  E  N  T  N  Q  O  G  U
B  E  D  F  G  Z  N  F  L  C  J  V  L  D  H
```

CATS	ICE COLD	REGALIA
CAUTION	LOVE	STRESS
CHIPMUNK	PIXIE	TURKEY
COMEDY	PLUM PUDDING	WISH
EXCITEMENT	RAIN	

```
A T Z G N I L K N I W T W R W
Q A F L A T T E R E D G I N E
P O X X N D M P G B T E N Z L
O C D P W I P T W K C K Z W C
H J J Y C I R A C U B A C O O
S U I F H J R Y A W A C V L M
K A H O N O R S N A H G V L I
R T B F X Q L M C O Z T R A N
O R H A R A S C J D V K U W G
W Q M L A G L T F U H E I S Z
Y E O L U A V Q C T J J L D N
O O M H I I A G X Z R O X S X
T Q R M J K D H T T W W H P F
H W O I D E Y O J R E V O T Q
O S E I N O M E R E C U B L R
```

ACCLAIM	HONOR	SAUCE
AWAY	HUGS	SWALLOW
CEREMONIES	ICY	TOY WORKSHOP
FALL	NOVELS	TWINKLING
FLATTERED	OVERJOYED	WELCOMING

U	G	T	T	W	X	G	B	P	D	H	M	W	G	D
X	B	E	Z	T	E	R	N	E	T	J	K	A	N	V
Q	D	M	V	V	B	L	T	M	S	B	L	J	I	A
G	U	P	O	M	I	H	R	N	O	G	W	V	T	Q
O	U	L	B	I	G	A	D	N	G	Z	B	W	E	S
K	O	A	I	I	W	D	Z	N	G	B	C	U	E	E
N	K	T	L	K	G	O	H	E	G	D	E	H	M	C
I	B	E	V	T	E	N	S	I	O	N	X	S	W	R
H	D	E	Z	T	G	X	S	D	L	E	I	F	T	E
T	S	L	N	A	W	W	I	N	N	I	N	G	G	T
E	K	E	J	M	F	E	W	K	D	X	X	Z	G	T
R	V	S	M	K	S	S	A	L	G	M	H	B	B	F
E	G	L	O	V	E	S	O	J	Q	Z	X	Q	L	W
D	E	M	O	G	R	A	P	H	I	C	S	A	K	I
H	U	X	L	H	U	M	A	H	D	E	Z	A	L	G

DELIGHTED	GLAZED HAM	SECRET
DEMOGRAPHICS	GLOVES	TEMPLATE
EVENT	HEDGEHOG	TENSION
FIELDS	MEETING	WARMTH
GLASS	RETHINK	WINNING

66

E	S	S	E	H	C	N	A	R	B	E	E	R	T	P
N	K	H	D	D	S	N	K	D	H	Q	R	I	K	N
L	I	A	P	P	R	E	C	I	A	T	I	O	N	B
M	G	E	C	N	A	D	N	O	O	M	P	B	I	B
Q	N	W	V	W	H	K	H	U	K	N	A	R	F	E
M	I	K	P	P	W	X	I	U	P	J	R	N	E	N
E	T	E	N	G	A	G	E	D	T	O	A	S	U	J
S	A	W	V	Q	S	P	Z	Q	C	Y	D	X	G	O
S	K	P	C	H	C	H	O	I	B	O	I	L	Z	Y
A	S	S	K	O	G	C	L	W	S	U	S	E	F	A
G	R	G	Z	M	O	E	H	A	G	S	E	I	C	B
E	A	V	Z	E	G	Q	K	H	N	U	J	U	K	L
S	D	B	U	N	A	U	E	M	E	R	T	X	E	E
D	A	K	A	G	S	U	P	E	R	U	P	H	M	Q
X	R	I	M	F	U	W	V	W	I	N	D	Y	C	A

ANGELIC	JOYOUS	RADAR
APPRECIATION	KNIFE	SKATING
ENGAGED	MESSAGES	SUPER
ENJOYABLE	MOON DANCE	TREE BRANCHES
EXTREME	PARADISE	WINDY

67

```
I X W M Z G E O I W D R K C I
I K H O A L S E T O R R A C W
Q L P Q L I S I M A L B T U U
X O G V H L L H R D J R H K E
P R R P A G I P U R P I F H M
S N O R N T T P A A L B P O I
O W U O Q K J F A E A B X D T
T P P U G P F C E B C O O E R
O F S D B E O V J A I N F W E
H E S D C L U N S T S S Q E T
P T N T D F X S M N S B B I N
S U I E N E P S V A A K D V I
B O R O X J Q S Z S L C L Z W
N T D W Q E V R E S C Z X F K
U Q V O M S I L O B M Y S K O
```

AFFECTION	MAIL	SANTA BEARD
CARROT	PHOTOS	SERVE
CLASSICAL	PILLOW	SYMBOLISM
COLDER	PROUD	VIEWED
GROUPS	RIBBONS	WINTERTIME

68

I	S	D	R	D	S	E	R	V	I	C	E	G	P	S
U	S	D	H	E	U	V	Q	X	S	J	D	P	C	E
T	I	X	E	Z	E	R	X	K	T	E	P	Z	H	L
I	G	O	L	A	W	R	D	I	A	N	I	V	A	E
R	I	S	P	M	W	E	N	P	B	I	W	M	R	C
E	F	R	E	A	Z	H	B	P	I	G	U	R	V	T
C	T	O	R	V	T	T	L	A	L	N	V	O	E	I
O	L	S	S	N	R	A	E	R	I	E	B	I	S	N
G	I	S	G	M	E	E	S	E	T	M	S	V	T	G
N	S	I	R	N	T	W	S	N	Y	I	E	A	P	B
I	T	C	H	U	H	R	I	T	W	W	E	S	U	U
Z	N	S	A	O	G	I	N	S	I	O	L	U	K	C
E	E	D	Q	O	U	A	G	K	S	D	O	J	C	N
D	W	A	F	M	A	F	S	A	F	J	T	S	D	Q
B	H	K	L	C	L	C	S	L	K	E	E	Q	H	J

AMAZED   HARVEST   SAVIOR

BLESSINGS   HELPERS   SCISSORS

ENGINE   LAUGHTER   SELECTING

FAIRWEATHER   PARENTS   SERVICE

GIFT LIST   RECOGNIZED   STABILITY

69

U	K	T	Q	N	U	O	L	L	N	V	Q	F	Q	H
X	T	I	H	U	L	G	K	X	S	O	P	L	I	D
A	M	N	H	Y	E	G	S	V	R	F	O	W	V	G
S	F	Y	W	N	O	I	L	G	E	U	R	P	K	Z
C	Z	T	F	O	N	B	E	L	K	N	C	I	S	P
H	J	R	R	M	E	D	I	T	C	A	A	M	X	V
E	C	E	E	R	D	L	G	X	A	L	L	N	T	G
Y	H	E	J	A	E	A	H	C	R	D	E	T	S	R
E	C	U	O	H	H	I	I	R	C	A	N	Q	U	E
S	I	A	I	H	C	L	N	U	C	O	D	C	O	E
Z	K	P	C	W	U	I	G	N	A	D	A	B	L	N
F	R	B	E	F	B	M	X	C	S	O	R	V	U	S
H	C	K	B	J	D	A	T	H	Z	O	A	Q	B	G
V	T	R	Z	Z	T	F	J	Y	L	R	G	S	A	M
S	S	E	N	D	L	O	C	R	J	D	S	F	F	R

BUCHE DE NOEL	DOOR	HARMONY
CALENDAR	EYES	REJOICE
COLDNESS	FABULOUS	SLEIGHING
CRACKERS	FAMILIAL	SPOON
CRUNCHY	GREENS	TINY TREE

V	A	M	A	Z	I	N	G	I	G	S	B	O	N	A
T	P	V	H	I	F	S	T	A	H	P	O	T	L	C
L	R	H	D	G	K	N	G	M	Q	D	Q	Z	L	S
L	E	A	X	O	U	H	O	L	R	Y	N	N	U	B
A	S	Z	F	O	T	R	E	I	Y	L	L	I	H	C
F	P	E	Z	D	H	R	Y	R	T	N	R	O	O	Q
W	E	L	Z	W	G	Y	K	A	R	I	E	U	R	D
O	C	N	I	I	I	M	U	W	D	Q	D	A	B	A
N	T	U	F	L	L	L	U	T	I	T	N	A	C	K
S	E	T	S	L	E	L	I	T	P	G	S	L	R	S
Y	D	S	K	R	L	Y	O	U	T	H	U	A	P	T
V	Z	L	C	M	D	Q	E	B	Q	C	V	I	E	H
A	T	M	U	J	N	K	B	A	L	C	O	N	Y	F
E	J	J	B	Z	A	Q	R	E	H	F	I	T	T	P
H	H	P	W	W	C	N	B	S	I	T	P	O	B	H

AMAZING   FEAST DAY   RESPECTED

BALCONY   GOODWILL   TOP HATS

BUNNY   HAZELNUTS   TRADITION

CANDLELIGHT   HEAVY SNOWFALL   YOUTH

CHILLY   MYRRH

```
G F B D S S E N I T H G U A N
C I G A M Y A D I L O H R C F
C S R K V J V V M N Q Q E J A
W Q H B R L I V J O N B H N R
O C V S B A N W K C C B T S M
K S I M R C I B V U X U A S I
P P O R C M T S G R P I F A N
A O M J C O D T I U R F D D G
I R O O N L N C L N V D N N S
N T D B Y V I T X W F P A A I
T S E O O R K N E F R K R P M
I B E D S M R T G S S P G D P
N G R W R T M E C B T E F A L
G X F K E C E N H O L A D S E
V O W M R P O I Q C F T I A B
```

CHERRY	FRUIT	PAINTING
CIRCLING	GRANDFATHER	PANDAS
CONTEST	HOLIDAY MAGIC	RAISIN
FARMING	LADS	SIMPLE
FREEDOM	NAUGHTINESS	SPORTS

```
N H O L I D A Y S P I R I T R
G M E M O R Y T D Y C H P R W
N A Q H J F X N N N H N E E N
I O L B K Z Q V S A R S V A I
L V X L O E T I T H I A I D D
G E M J E M P L N P S M T I Y
N R A U P L R L U I T X C N D
I J S S N G U D A P M K U E N
J O C P V H W I K E A N D S A
H Y A U I D Q G A A S U O S C
V I R O Z H R D W G E M R K R
E N O U J T S I O K V P P M P
J G L F Q M U R B N E I F F D
T J W Z H J F J O V P H R D T
T O A S T Y I S V W O C E F I
```

ALLELUIA	EPIPHANY	PRODUCTIVE
BIRD	HOLIDAY SPIRIT	READINESS
CANDY	JINGLING	TOASTY
CHIPMUNK XMAS	MEMORY	WORSHIP
CHRISTMAS EVE	OVERJOYING	XMAS CAROL

L	K	V	H	C	N	L	V	M	T	H	N	E	R	L
F	E	Q	E	O	G	L	H	T	E	N	I	H	S	B
D	T	C	A	M	G	H	T	R	I	B	U	G	K	Z
E	A	B	V	P	W	U	M	I	N	D	F	U	L	P
R	R	U	Y	A	A	H	S	G	T	J	I	C	W	H
I	B	F	C	N	D	V	C	T	O	V	I	F	B	U
P	E	F	O	I	Z	J	A	L	Y	K	I	S	K	N
S	L	E	A	O	O	S	L	L	D	I	P	U	F	I
N	E	T	T	N	H	Y	Q	C	C	M	G	D	O	F
I	C	S	L	S	Z	K	W	U	P	A	J	R	R	O
K	X	R	P	H	L	M	O	W	X	H	L	W	J	R
H	G	F	W	I	J	P	B	A	N	C	L	A	C	M
Z	B	C	N	P	B	A	U	B	L	E	S	L	B	I
T	H	M	J	T	S	L	I	P	P	E	R	Y	U	N
E	A	N	I	P	A	S	T	R	Y	V	R	Z	K	W

BALACLAVA	COMPANIONSHIP	MINDFUL
BAUBLES	GUSTY	PASTRY
BIRTH	HEAVY COAT	SHINETH
BUFFET	INSPIRED	SLIPPERY
CELEBRATE	JOLLY	UNIFORM

```
N Z V L K S L L I H C O O W J
L S E I R R E B N A R C K W N
C A R O L S I D K P G S L L R
L B A I C N E V A E H M H H E
Q J L D E N I A T S U S N O P
C O R N U C O P I A F M J U P
P Z U W O L E Q A S O J R P O
U P P F W C H O P P E R A B T
D S D O O H R E H T O R B I V
I I N E E C N E I D U A V T E
W Q C A F T S M V S Q A M I I
M G R G S E G A K C A P Z N H
I S T I L L N E S S N G A G W
K U L N A O L L E H B L R H M
Z B C I F I R E P L A C E S M
```

AUDIENCE	CHOPPER	HELLO
BITING	CORNUCOPIA	PACKAGES
BROTHERHOOD	CRANBERRIES	STILLNESS
CAROLS	FIREPLACES	SUSTAINED
CHILLS	HEAVEN	TOPPER

```
G D W T V P H V Z V J R S E W
N V H S R G S L A O C M P T F
I E G C W O N T A L R S S U Z
D F D K L T F N R A P X G B S
U V F N M O T M H E K H R N E
L B H I A O Y C O G A I S D Z
C E X L E L A I N C G M N Q I
N R Z O W H G O N H E E W M L
I A F C L R L N T G M K A F A
L W F C E E M N E E H C A B I
O E S O M T E T S O C T H T C
T N N R I S S I K B W V A M O
F O T B S O W M N C G Z F L S
T T Z V A F I T H M L R H H F
U S C P A R A D E T W B V J C
```

BRIGHTNESS	ENGLAND	SOCIALIZE
BROCCOLI	FLAT	STONEWARE
CHARMS	FOSTER	STREAM
CLOYING	INCLUDING	TAKE COMFORT
COAL	PARADE	WISE MEN

76

```
R V R V J N W C L D P I U X A
N S R U Q W O O N P M R A E P
A F F A Z E Y I E H W O I J U
E V Q J P A V L S J Z Z V N J
C Y W F L P B I U A G W S V B
O F N T B A E J T F C A K E E
H F Y X V Z S R L S B C I E X
O U B O G L T O M A E B O F P
T T L I E J Q K O P M F F H E
L S J M Q E F F I C I E N T N
X X A W I S H B O N E R D X S
F C H E L P F U L N E S S Z I
E E O O W F O O I X A L G U V
E L B A S U V D E V U V K T E
V O T R D V A C A T I O N X D
```

CAMELS	HELPFULNESS	RAPPER
DINE	LOVABLE	STUFFY
EFFICIENT	LOYALTY	USABLE
EXPENSIVE	OCCASION	VACATION
FESTIVE	OCEAN	WISHBONE

```
D F U V S O G H H U W J H K D
N X Z M E A N I N G F U L O F
R O A S T N U T S U Q H D J I
H N S E V L E H S P Z A O M B
F L A T B R E A D T W L D K E
C O M P O R T S X E L E U B L
V E P H C S V S I R O G U Y
L C H H W C H O T E X H E F T
Y I P E D A M Y T G P A A O S
V R J G L E L R G N U Z I Q E
A A C J M P A T C I H L P R F
R L L V Q U E P O R A H J N I
G C H E Q J D R H O U B H H L
J V S L E I G H B B M X O M J
V A P R E L I A B I L I T Y L
```

AWESOME	GRAVY	QUARTERED
BORING	HELPER	RELIABILITY
CLARICE	JOLLITY	ROAST NUTS
COMPORTS	LIFESTYLE	SHELVES
FLATBREAD	MEANINGFUL	SLEIGH

```
M P G L O R Y M F D W C N A A
K N Z G S E O W P J Z O L T Q
E B Y R O G E T A C P U M U S
R H F K F S A R T O Z P P O S
I S G V O B B H X N G L Z T E
F N H Z R H A A E O N E N U N
A E D F E Q Q P W I I F A C L
E T Z I S B O P W T M V G B U
K T R H A M F Y F A O N G D F
A I T W W N E W V L C L O B E
M K S S L L G O O U P G B X P
L D P M E H X R A S U S O J O
S I W P R V A D A N D U T F H
N B W M H A P S R I J O W R J
S E H T O L C R E T N I W K M
```

ARMS	GLORY	KITTENS
CATEGORY	HAPPY WORDS	MAKE A FIRE
COUPLE	HOPEFULNESS	TOBOGGAN
CUT OUT	INDIAN	UPCOMING
FORESAW	INSULATION	WINTER CLOTHES

```
L M B C S U R E L O R A C M T
L L A T W R X H S E L Z Z U P
I R L Q S U E L J X W R J N W
H L L I J A T G C N O C B R S
C A I G G B L T N K A A F C S
E T R N R R I B H I C Q I N B
M S O I V E N M Y K F L E M J
I Y G T D A F L Y C O D H A N
T R N T L D B A H B I T L M S
T C N A D J R N M T F K E O D
H H V H G D W Y A P S R H J C
G N P C E V S I H V R U E M D
I G X Z M Z W N X Y Z O J I T
N F S Q T N I M R E P P E P X
R E E D N I E R J S N M Y H U
```

BACKYARD	CRYSTAL	NIGHTTIME CHILL
BREAD	GORILLA	PEPPERMINT
CAROLER	HYMNS	PUZZLES
CHATTING	ICY BLAST	REINDEER
COLD FINGERS	MERRY	SYMBOLIC

```
B A J M Y K P G G P A A R Q B
N C S Q R U I O M Z I J A O W
N O G G E E P S I T L N E O I
Q G O H C D E T A M A U B E Q
D O L B O I R A J R N W Y T B
O C D A R T S R Z A R F D E P
H A E N G S P L B W U N D X P
O R N N L A I I D T T W E P P
L O S E H M P G L E A E T U A
I L L R C T I H I G S S P C C
N I B T N S N T H S S I L B K
E N B T M I G L C N F B Z T A
S G S R L R T R T F I G Q B G
S T E S H H Z X B N P S X J E
F T P G G C N R A S O W S C A
```

BANNER	GIFT	PACKAGE
BLISS	GO CAROLING	PIPERS PIPING
CHILD	GOLDEN	SATURNALIA
CHRISTMASTIDE	GROCERY	STARLIGHT
GET WARM	HOLINESS	TEDDY BEAR

```
O M S E X D A T T B L D K M O
C Q D A U O P A R W N U Z J L
H G U S S F S P G S A L S E E
R J M G N B K J S C N G E J A
I M K N O X V P H H A N D S D
S L Z I I M D E C O R A T E I
T E K D T U U F G I J L F J N
M T F I A X T V F P L N M H G
A T O T N P V N F R E V E L O
S E Q N O I T A S R E V N O C
T R A M D D W Q S P I C E S D
R D Z R U G K S E K A L F X G
E W H I T E S U N L I G H T V
E G E N D O E D A E D I R P N
I H A R S H U F W A H D K Q G
```

CHRISTMAS TREE	**HANDS**	**REVEL**
CONVERSATION	**HARSH**	**SPICES**
DECORATE	**LEADING**	**TIDINGS**
DONATIONS	**LETTER**	**UNWRAP**
FLAKES	**PRIDE**	**WHITE SUNLIGHT**

82

N	O	I	S	I	V	E	L	E	T	A	W	Z	L	X
S	Z	X	X	C	J	I	R	G	T	I	T	B	S	B
H	F	L	W	D	E	O	A	S	N	G	R	P	T	N
O	I	D	A	R	Q	T	Y	T	B	I	W	E	M	S
P	E	H	D	N	H	O	R	Q	G	O	W	E	A	E
F	E	W	W	E	T	Y	H	H	N	V	B	C	N	C
T	K	U	R	W	S	F	T	S	I	S	E	I	A	A
G	U	I	U	H	G	L	H	G	R	N	S	Y	G	F
J	N	K	O	U	Y	A	N	P	U	E	I	R	E	Z
G	M	W	I	I	R	I	K	V	S	T	Z	D	R	G
S	E	D	A	I	T	L	X	S	S	T	Z	M	T	M
R	E	L	N	I	P	N	X	C	A	I	D	O	N	H
D	W	G	C	Q	K	P	P	V	E	M	L	X	Z	W
P	W	X	O	H	E	L	I	Q	R	F	A	R	V	Z
D	E	E	P	U	R	E	W	H	I	T	E	T	F	H

BRIGHTLY	GUIDED	REASSURING
DRY ICE	MANAGER	SHARING
EXCITING	MITTENS	TELEVISION
FACES	PURE WHITE	TOYS
GATHERING	RADIO	WINTRY SHOWER

83

```
S  S  G  N  I  R  N  E  D  L  O  G  G  R  J
T  I  M  E  O  F  Y  E  A  R  Q  A  E  Z  B
M  C  Q  S  D  J  A  C  L  E  A  N  X  G  O
I  C  L  I  M  A  T  E  A  A  R  K  C  D  W
E  E  T  A  L  O  C  O  H  C  T  D  V  F  Q
I  P  U  U  J  O  T  C  H  D  C  L  L  E  B
I  Z  L  H  Z  D  F  K  N  O  S  A  E  S  X
D  E  C  O  R  A  T  I  O  N  S  H  X  U  S
S  U  P  E  R  H  E  R  O  D  I  X  V  O  R
M  G  N  I  T  S  E  R  E  T  N  I  J  P  E
A  W  R  V  X  O  M  L  O  W  E  S  T  C  T
R  T  S  P  R  E  A  D  C  H  E  E  R  F  S
B  O  T  S  C  O  T  L  A  N  D  T  Q  A  A
N  P  E  B  T  H  A  N  K  Y  O  U  Z  Z  O
R  K  S  O  M  E  T  G  F  B  M  U  P  C  C
```

BELL	DECORATIONS	SEASON
CHOCOLATE	GOLDEN RINGS	SPREAD CHEER
CLEAN	INTERESTING	SUPERHERO
CLIMATE	LOWEST	THANK YOU
COASTERS	SCOTLAND	TIME OF YEAR

```
J S Y K P K C O L O R F U L Z
L L L E L N A I R O T C I V N
N L D K N N R W B R A I M S O
A A N O R R X U A N N L K A S
C H I W Z R U E N R I C D N A
E E W X E Q Y O D A T T F T E
P H C T D W S M J H Z L A A S
D T H A E Y B A L A N C E E E
O K A N R P E Q V E B K F L T
H C E U D G O M Z R O Q J V I
S E W A M O I W R R C N V E R
N D C U V V O E A E H B C S O
P R E S S U R E O C H V S L V
D M J E V E R G R E E N S T A
K T A N N E N B A U M F F N F
```

BALANCE	GRACE	PRESSURE
COLORFUL	HERMEY	SANTA ELVES
DECK THE HALLS	JOURNEY	TANNENBAUM
EVERGREENS	NEW YEAR	VICTORIAN
FAVORITE SEASON	PECAN	WIND

```
F G A G S H O W A N G E L S K
Q L O V H S H G X F F G B F T
L L M O G H E A T H E N O F E
D B I M S B V S B J Z V S S N
U K R N P K Y T A Z R S E V D
S W A W K K H R G H A A E E E
H B C E X I P O F H I N R O R
O B U R Z N A N I R L T T X N
R T L U U D R A R M I A E T E
T Z O T X H G U E L M S R C S
D Z U A Q E O T W U A B A K S
A C S E U A T Z O F F A B O M
Y J U R M R O I O Y M G V V S
S K D C P T H L D O Z D T M G
P W X C F O P N H J W Z K W X
```

ASTRONAUT	GOLD	SANTAS BAG
BARE TREES	JOYFUL	SHORT DAYS
CREATURE	KIND HEART	SHOW ANGEL
FAMILIAR	MIRACULOUS	TENDERNESS
FIREWOOD	PHOTOGRAPHY	

86

```
F S S O N G S K R T N I C E G
O E T S I R H C S U S E J G I
R I A R C K L H U F F F D N O
F T A Z N I Q H U Z L I I I Q
P R C T T G T H S E M G L T J
N A K W J T G S U H M S Z A P
G P N O T G N V A U T H J D S
S C O L K R I I O T X Y C O E
O B W D I P L I C L N X M M I
F R L L T E A C M X U A X M R
A L E H C J E I O C A J F O O
U L D A H S P Z O F J N V C T
A R G M E R P R L D M Z A C S
J S E S N X A N B O P W O A L
L M R M G N I L B I S E F V N
```

ACCOMMODATING   FIGS   PARTIES

ACKNOWLEDGE   JESUS CHRIST   SIBLING

APPEALING   KITCHEN   SOFA

BLOOM   MYTHS   SONGS

FANTASTIC   NICE   STORIES

87

J	A	P	P	R	O	V	A	L	I	W	X	T	X	L
T	W	E	E	T	S	J	K	O	C	W	K	B	M	A
L	A	G	N	I	R	E	D	I	O	R	B	M	E	P
A	G	R	I	C	U	L	T	U	R	E	K	X	V	U
A	R	E	V	M	R	A	S	E	L	T	S	A	C	U
J	E	T	S	E	I	R	R	E	B	Y	L	L	O	H
V	C	C	P	G	I	F	T	S	U	P	X	U	V	Q
N	I	W	A	N	B	G	N	I	P	P	O	H	S	V
S	P	D	A	N	P	A	R	B	D	F	H	K	E	Z
L	K	G	E	D	D	Z	Z	S	C	U	W	N	T	F
O	P	C	G	O	A	L	M	W	B	H	I	Z	N	B
T	X	R	R	C	S	O	E	R	I	S	X	G	M	R
H	J	E	K	J	M	A	E	S	O	Q	R	W	C	C
S	Q	G	N	Y	R	A	M	N	I	G	R	I	V	G
G	W	D	M	I	F	D	P	G	G	N	I	S	K	N

AGRICULTURE   GIFTS   SLOTHS

APPROVAL   HOLLY BERRIES   TWEETS

CANDLES   MOMS   VENISON

CASTLES   SHOPPING   VIDEOS

EMBROIDERING   SING   VIRGINMARY

```
A G R A N D M O T H E R X U O
E J S F Q N I C E W O R D S F
U T G B O H E G R D E M M C G
K Q O E A L N D S N V G L S T
D V H X P O S E I S T M U R B
O G H P F J H H D P S O Z B R
O K A D M H S R Z R R A A O G
F Y N A P M O C E D M R R G E
A C O Q E W B T N S R O S N E
E W L T X N S O G E T U C I S
S S N R W M W Q N Z B O L S E
M G K R A I R B L T R C K S Q
O N S H V P S K K N A U P E Z
V I U U C R H O P P I N G R K
Q K N U K M E S U O H N E P O
```

APPLE	GRANDMOTHER	OPENHOUSE
BARREN	HAMSTERS	PRESSING
COMPANY	HOPPING	SEAFOOD
CORN	KINGS	SHINER
GEESE	NICE WORDS	WONDROUS

89

```
O N T H U N D E R S N O W N W
Q C R V R Z L E R O L K L O F
V B F O R M I D A B L E C Q W
E I W F A A T L A N T I C W R
F O O T B A L L H Q E R Z L Q
D O R N O I L L I M V E U A V
D I E P Q N V U V N P F P X T
T H R O U G H G Y A I G L C F
W Q R N H S G A C T O M S F A
Z D D E I I R S U P I J F R R
X O R V H G D A V V P J I O C
D B R N F N E R C R R C P X E
J I P O A B R Z Z L I E G P V
R L D L V J G Y L I R R E M O
S F B L I B E A U T Y W M A L
```

ATLANTIC   FOOTBALL   LOVECRAFT

BEAUTIFUL   FORMIDABLE   MERRILY

BEAUTY   GRAY   MILLION

FOLKLORE   HERB   THROUGH

FOOD   LANDSCAPE   THUNDERSNOW

```
S E R E I C A L G Z R R P W Z
B S F E D S G Q P F E K A G L
S F I G R E B M E V O N Y A X
S B N L M H C Q X Q P B T R N
N V G G A E N F S K I P R E X
O X E N S A G A O M L N I F M
W J R G E R N C F F G T B R M
A B N H M T I G E D K T U E O
N Q A G A S R I A O F J T S T
G A I L G W E L S W R S E H H
E A L E D L V O T A C K O I E
L U S P R N L M S J A R D L R
G G R S A K I U P B R A E M S
B M Q O Y I S P S H E H X P C
M I T G S W D U W M S S O T D
```

CARE	HEARTS	SHARKS
FEASTS	MOTHERS	SILVERING
FINGERNAILS	NOVEMBER	SKI
GLACIER	PAY TRIBUTE	SNOW ANGEL
GOSPEL	REFRESH	YARD GAMES

91

```
R F P G E O N H R F X N N E I
P A U W G A D A S T O R J S P
R V Q S E L E C M O R G Q I T
C O G L S L I Z S I D H G B D
M R U R S H C P H A T H B Y N
Y I N G G E O S T N Y I H X
P T C P P S N H M O R D N K H
P E L P Z P E I H E J U A I U
A H E N E R Z S D Q Q Q S H T
H U G G L E E V O L S G I T J
W Q C A R D S W S G I E R J W
A U H L A V I S H H M U N P B
D N E K E E W Z G X G C B U D
T W C S E M I T D O O G U M T
H U X I Y R A U N A J U J T L
```

BUILDINGS

CARDS

DASHER

FAVORITE

FOGGY

GLEE

GOOD TIMES

HAPPY

JANUARY

LAVISH

TRUST

UNCLE

WEEKEND

WELCOME

92

```
T E T Y A D E V I T S E F S M
Z E C A R O L I N G Z I H S H
Z J P E D D D H S C X O V O E
A P E I E V G P A L L F W Y Z
P Z F Q C U I B F I B E O Q A
G I S L A E B V D I Q F N P L
G H H U Q A R A L I G L D P U
N M T S G G Y P S E N Q E M F
I M W E D G A L S X I S R Q H
Y D N X A N W P S N T I L S T
T Q X L X O E W C O T S A R R
R S A W B X J I X W U R N A I
A K H W N S C C R I C U D T M
P H Q X W N Q S X F I Q X S B
W T H G I R B D N A Y R R E M
```

BIG	FESTIVE DAY	MIRTHFUL
BOWLS	FRIENDSHIP	PARTYING
CABBAGE	HOLIDAY GALA	RECIPE
CAROLING	IVY	STARS
CUTTING	MERRY AND BRIGHT	WONDERLAND

93

```
I N V I T A T I O N S C S P Y
I T S Q I I P Q N D I D E G G
R T A Y H J C G R C R O E N O
A F N U M I N A F O P O K I L
T E G A J B Z K W Z D F H T O
S T K Z T Z O Y T N U O C T T
S U K O I S T L F R A H J E S
A B E L T I N R P P D P H S I
M I B J L G I I O A E G F H R
T R U A Q O S N E Z E H O A H
S T U U O Z A P B O F O J S C
I Q F K F B T I C I C L E S U
R K B G I V E P R A I S E F G
H P J K Q J S P I R I T E D T
C B R A N C H E S Q F F J K A
```

BLIZZARD	FEED	QUALITY WORDS
BRANCHES	GIVE PRAISE	SETTING
CHRISTMAS STAR	ICICLES	SPIRITED
CHRISTOLOGY	INSTANT	SYMBOL
COUNT	INVITATIONS	TRIBUTE

94

```
O J B D N A T S E E R T U C D
P T H U R S D A Y M W D X R U
L B L A Z I N G J I T V T A R
K T U X S D K O N N O H O N M
Z O R W S W X T Z I A D W B A
A Z V E E B E T K A S E I E T
E K U H S R N S X T T P T R R
U J S S S F Z A R I P A R T
T A W T U F E A R E N A E Y E
C C O A D B T D C T G R M H R
U R U H H R K B T N D W E J K
M L Z I F A A K I E M T C L U
F S A K J I N O C T J F N R P
K J H V B A H F B K U I I R O
I T H A N K F U L N O G M A K
```

ARCTIC	DESSERT	THANKFUL
BLAZING	ENTERTAIN	THURSDAY
BOARD	GIFT WRAPPED	TOASTING
CASHEW	MATRTER	TREE STAND
CRANBERRY	MINCEMEAT	WINTER STORM

95

```
C O Z J E W J P Z M S L N O T
G O P C X U P C O L A U S P X
B B A N S B Q P W T M F C C G
U E G X I R V R W X T H R O C
P H O T T E A X E G S T E M B
S K C A W S O E Q I I I E A R
F O G N I T E E R G R A H N E
W A R V O R D S V O H F C T E
X V I E S O A K E E C C Y L C
V J K T B O L I L P R J A E H
E H Z Q H M B M C T E Z D L E
K E A A F P W O A R H R I D S
I A H R M D O S R C T Z L R N
P E F X P C N X I A A Z O X N
S Z T Q V R S Q M C F P H L O
```

BREECHES   GREETING   MIRACLE

ESKIMOS   HARP   PEACE

FAITH   HOLIDAY CHEER   RESTROOM

FAITHFUL   HOT TEA   SNOWBLADE

FATHER CHRISTMAS   MANTLE   SPIKE

96

```
N F E S M S S W O F N C C J A
Z X N L T C T K P O O E C S X
L X N H K I U A E D S S X N M
B C S E Q N R K W G T E J O W
M T M D I E I I Q Y A E R W R
X Q C S N F A W P T L H E B Y
I L G T U E N T S G C F E R
R W A I N S P I R E I N V R E
S G E C P M N J L J A F I R T
E J C K B O C F B A G L L Y S
S S E N K C I L S M L E L B A
S U W E T I H W W H C E A L M
G I Q R B F Q R G P R C G I V
S E U L B R E T N I W E E A V
A F B I C Y P A T C H R A J B
```

CHEESE	MASTERY	SPIRITS
FLEECE	NOSTALGIA	TWINKLE
ICY PATCH	PARENTAGE	VILLAGE
INSPIRE	SLICKNESS	WHITE
MAJESTY	SNOWBERRY	WINTER BLUES

97

```
C T N C S R U R X C V X W I V
H X J T U H N O I T O V E D D
P A A C C O H Q J O L R B H H
D N R L S N P V H G N E G N B
D T A L E C E I P R E T N E C
N U M X L A S S H U L B I V N
S P O P T I M I S T J F S U L
S V E T A N I C S A F K S B J
B H A S T I N G G R F U E I F
F V F R O Z E N G Q P H L A F
W D L O H E S U O H D T B E P
N A I T S I R H C Q C Z A V K
J J V A U N T I E V M S B A F
S U O I R O T C I V T O F W V
T S M I A L C O R P V X I C O
```

AUNTIE	DEVOTION	HOUSEHOLD
BLESSING	FASCINATE	OPTIMIST
CENTERPIECE	FEAST	PROCLAIM
CHRISTIAN	FROZEN	STAND
CLAUS	HASTING	VICTORIOUS

98

```
S S E N E M O S E W A P T F Q
K W T W P U F G C E T S R Q W
D G M R V U A H S N U T I P P
N R T I U A V D W D G A H A R
I A R Z N P O P T S V B S S E
W N E O X C R U X H D L T S C
G D H J S I A O Z A R E A E I
N J T V A A B Q H R O E E N P
I S A S T Q L T N K H M W G I
L E E N H M E R P M U L S E T
W C W S T Y T I L I M U H R A
O N C A N T E R B U R Y W S T
H F R E E Z E O V E R S Q E E
I G N I R T S N R O C P O P V
E C I F F O T S O P Q L G A C
```

AWESOMENESS   HOWLING WIND   PRECIPITATE

CANTERBURY   HUMILITY   SHARK

FAVORABLE   PASSENGERS   STABLE

FREEZE OVER   POPCORN STRING   SWEATSHIRT

GRAND   POST OFFICE   WEATHER

99

```
S  A  Y  A  P  R  A  Y  E  R  W  X  Z  O  C
S  V  X  L  E  R  R  I  U  Q  S  H  R  U  T
Z  Q  E  L  B  A  U  L  A  V  P  O  E  V  Y
C  H  R  I  S  T  M  A  S  A  R  J  B  M  A
M  O  P  P  R  E  S  S  I  V  E  M  M  F  D
P  O  H  S  K  R  O  W  D  L  Z  S  E  D  W
O  T  E  J  N  L  O  R  H  S  R  C  C  Q  O
G  Y  R  I  R  H  A  E  M  Y  P  H  E  D  N
C  N  U  G  R  Z  C  W  G  A  T  O  D  E  S
G  A  T  M  W  K  T  L  A  W  S  O  F  L  V
F  M  L  I  E  G  L  P  U  D  E  L  F  I  N
N  D  U  U  W  O  D  F  L  A  B  V  V  V  Z
S  Z  C  L  S  L  J  H  S  O  M  A  W  E  T
Z  E  P  G  O  U  U  S  D  R  X  N  B  R  C
S  E  T  F  I  L  I  K  S  R  K  O  G  J  I
```

CHRISTMAS	OLD	SKI LIFT
CULTURE	OPPRESSIVE	SNOW DAY
DECEMBER	ROADWAYS	SQUIRREL
DELIVER	SAY A PRAYER	VALUABLE
MANY	SCHOOL	WORKSHOP

```
F  I  S  A  A  E  S  E  I  N  N  A  F  J  R
Q  G  B  S  C  G  Z  T  B  F  B  Z  R  O  T
S  G  O  U  E  D  R  E  S  S  I  N  G  G  Z
S  T  R  U  H  N  E  E  S  A  R  H  P  Y  D
H  P  O  P  R  C  L  C  X  Z  F  M  P  L  U
S  M  S  C  K  M  E  U  C  M  G  B  O  I  O
S  N  G  X  K  Q  E  S  F  D  Z  R  E  R  L
M  H  B  L  V  I  X  T  O  E  X  K  C  A  C
I  C  U  S  S  A  N  N  B  L  E  U  I  D  N
L  N  L  R  V  P  N  G  A  V  Q  L  G  N  I
I  I  N  D  G  E  K  T  S  I  S  W  G  O  A
N  R  T  X  R  L  E  K  A  S  X  W  T  C  R
G  G  X  I  O  V  R  S  G  Z  C  N  Z  E  R
G  R  P  J  S  N  O  W  M  A  N  V  I  S  T
S  R  E  V  O  T  F  E  L  D  E  V  O  Q  P
```

DONNER	LATE	SMILING
DRESSING	LEFTOVERS	SNOWMAN
GLEEFULNESS	PHRASE	SPRUCE
GOURMET	RAIN CLOUD	STOCKINGS
GRINCH	SECONDARILY	

SOLUTIONS

PUZZLE 1

```
K B E B T D B L S N P C K Z L
O T R L X R M T A A E Q X Q R
L L A B W O N S J L N Z H P E
X R E T A E W S E E M T F I T
O E X Q P L W B M T C Q A O N
C U D L H J R O Z G H M S P I
C L W I A A H D E I D O O H W
P L F X T U O Y O G J U E U S
A A D I G E N L D S E W S N
J K O W Q T L N E C P X E Q
H N X G F W R U A E M T W I G
W I S D I K Z F Y D Q A O K N
J G V S A M T S I R H C F O B
K W P V H T A E R W D U S O S
Y A D I L O H H T W A T H C N
```

PUZZLE 2

```
H B P T C Z Z E Z E S N E N V
V U R C I D S O G N W S J M I
O L A I T D N U P G V C S E D
L C N T S N E L B F N B R A R
T Q K G I A V A R I J O L T A
S U S A L L A V R R X T G A Z
I A U O A R E I M S G Z J N Z
R L S D E A H T B T N J S D I
A T S M R G E S K F I K U S B
H A Q O O E N E P R R C N P P
C G S X R S F F K O A K D I Q
U H S B N S S F M S C M O C W
E Z A V F N K O O T S T W E B
S V O E R Z K K L A U H N S X
T E A C H I N G M B U P A K A
```

PUZZLE 3

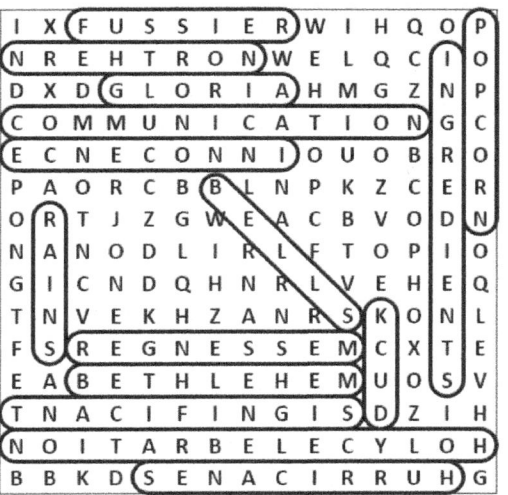

```
I X F U S S I E R W I H Q O P
N R E H T R O N W E L Q C I O
D X D G L O R I A H M G Z N P
C O M M U N I C A T I O N G C
E C N E C O N N I O U O B R O
P A O R C B B L N P K Z C E R
O R T J Z G W E A C B V O D N
N A N O D L I R L F T O P I O
G I C N D Q H N R L V E H E Q
T N V E K H Z A N R S K O N L
F S R E G N E S S E M C X T E
E A B E T H L E H E M U O S V
T N A C I F I N G I S D Z I H
N O I T A R B E L E C Y L O H
B B K D S E N A C I R R U H G
```

PUZZLE 4

```
V X D E C N E C S I N I M E R
E E R T R I F S C Q G M Q N V
U U D N W E L O U Q Z N R I C
E P A M M T X N V O K P B R J
M S R T W R B Z M A M C U X F
E U K Z C J O I V V L R G T C
L L U L B E J O L L Y U O C F
O S T U P E N D O U S T E N
D L Q G E N E R O U S E Z S E
Y H V F J R E T I R W G M P X
F M S X V H Q B O Y S I J T F
L T N E M A T S E T W E N O N
M L P M I L E A G E S F B G X
U U K M G N I G N O L E B E V
V E G E T A B L E P X T K O L
```

PUZZLE 5

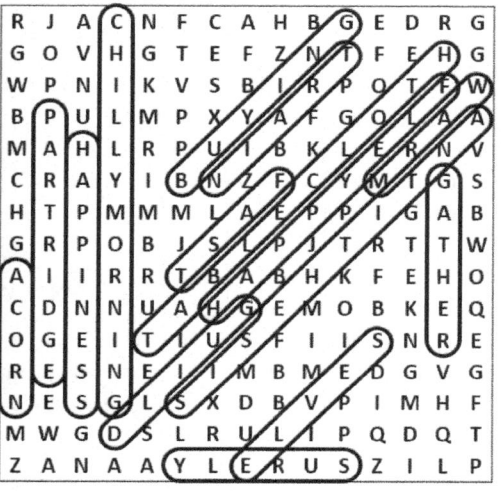

PUZZLE 6

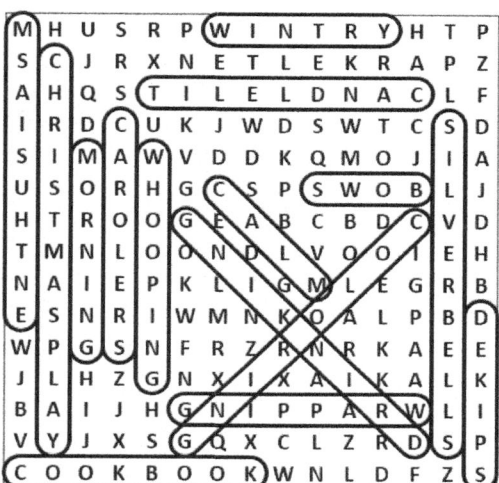

PUZZLE 7

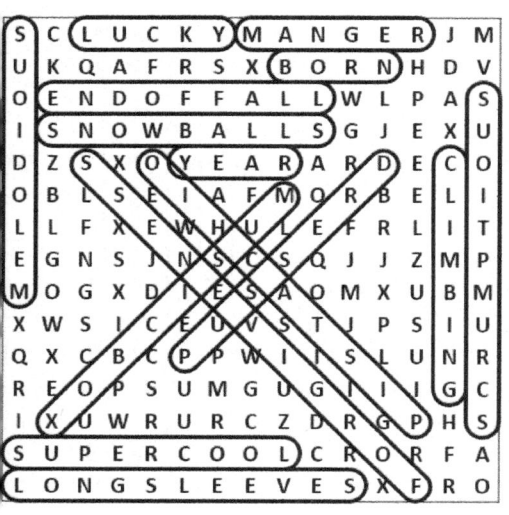

PUZZLE 8

PUZZLE 9

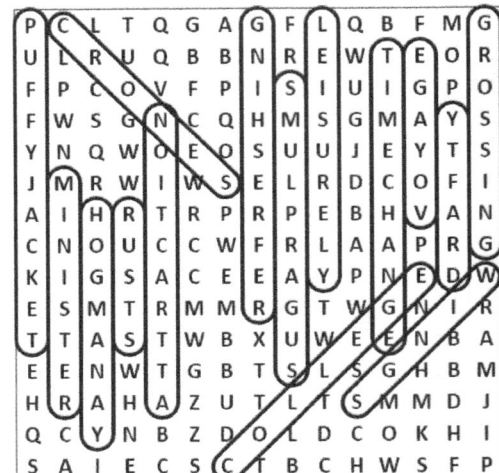

```
A S D H J V A X K T U L X D E
Q N E V V T X P K W K R R E I
U O W A Q Z V L U S E B W N U
S W O L S X F G T S L N O H Y A
I F T G I N N A N I B F R E A D Y
N L S D T I Y O G X A K R A D Y
C A E T K A T N L T T R O R Y
E K B A W P I T F E R E M T R
R E B A M N T E X E O Z O D E V
E B Y A E X L A V N F E T T V
L A H D F W D E C T M N Q N E
Y C R U B E H L Q H O E K I C
D A K N E U F W U M C B W C D
G O N W S P D R U M M E R S D
N O I T A I C N U N N A G R D
```

PUZZLE 10

```
P C L T Q G A G F L Q B F M G
U L R U Q B B N R E W U T E O R
F P C O V F P I S I U I G A P O
F W S G N C Q H M S G M E Y T S
Y N Q W O E O S U U J E C H F S
J M R W I W S E L R D C O V A I
A I H R T R P R P E B H A P N
C N O U C C W F R L A Y P N E G
K I G S A C E E A I P N E D W
E S M T R M M R G T W G N I B
T A S T W B X U W E E N N A
E E N W T G B T S L S G H B M
H A H A Z U T L T S M M D J
Q C Y N B Z D O L D C O K H I
S A I E C S C T B C H W S F P
```

PUZZLE 11

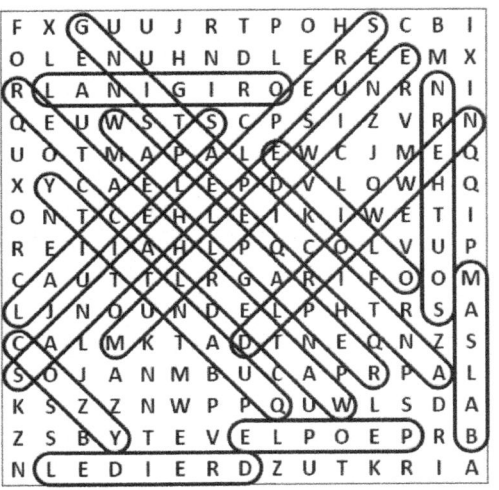

```
F X G U U J R T P O H S C B I
O L E N U H N D L E R E E M X
R L A N I G I R O E U N R N I
Q E U W S T S C P S I Z V R N
U O T M A P A L E W C J M E Q
X Y C A E L E P V L O W H Q
O N T C E H L E I K I W E T I
R E T I A H L P Q C O L V U P
C A U T T L R G A R I F O O M
L J N O U N D E L P H T R S A
C A L M K T A D T N E Q N Z S L
S O J A N M B U C A P R P A L A
K S Z Z N W P Q U W L S D A
Z S B Y T E V E L P O E P R
N L E D I E R D Z U T K R I A
```

PUZZLE 12

```
E R U S A E R T H K S L E G O H
P C S Z W N P C F U N T L C A H
N D P K C E Z K X U O O B A R U
G P E Q H C K A G Z I M A S E
E L C H G K S U R P T A I U N
J E T S Q L U C E A L U L A I
O N A X Z A O L A Q L O W L S
L T C A C C M X L L O W R S
L I U P S E M U G S P N Q S
I F L R S H D L N B E J J R U
E U A I T T O J C X R B E S T
S L R C O Q R O P I S A H T
I V M O O G A Z L U C K K M E
M S W T R B U N A K N I L S I
S R E E D N I E R G A S X H D
```

PUZZLE 13

PUZZLE 14

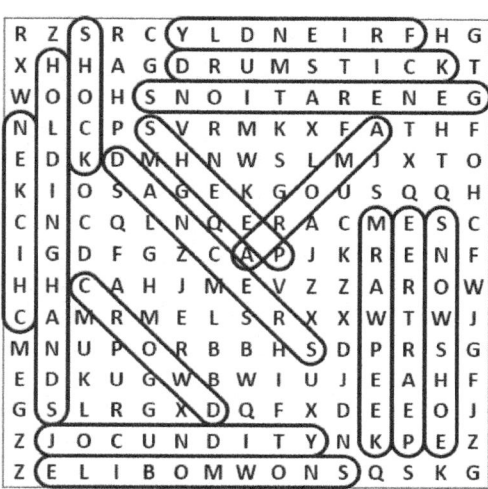

PUZZLE 15

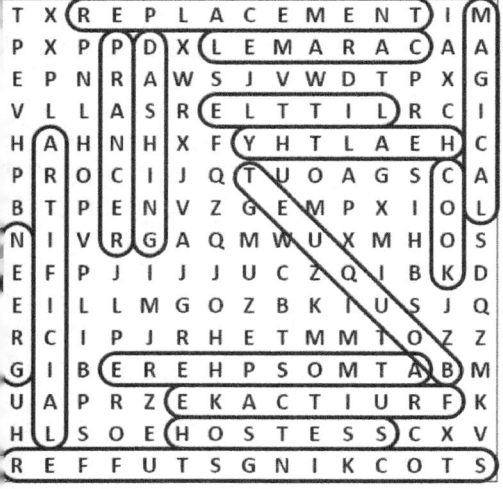

PUZZLE 16

PUZZLE 17

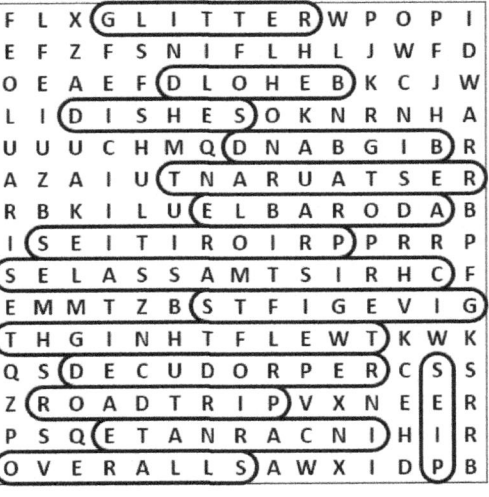

```
G  I  R  S  P  S  U  E  C  R  U  O  S  D  D
B  W  O  I  G  E  T  O  U  R  I  S  M  G  W
E  S  G  N  E  N  E  C  R  O  W  N  S  J  G
M  E  L  D  H  A  K  C  M  I  F  L  H  S  I
O  U  I  I  O  C  A  N  D  L  I  A  L  C  F
T  D  S  S  M  Y  C  M  R  S  X  G  E  D  T
I  G  T  P  E  D  E  M  G  S  Z  I  S  B  G
V  N  E  O  W  N  C  G  U  N  K  H  S  H  I
A  I  N  S  A  A  I  H  Z  O  P  T  O  Q  V
T  T  I  I  R  C  P  Z  K  W  K  D  N  I  I
I  A  N  T  D  O  S  R  B  S  F  S  S  N  H
N  L  G  I  P  I  N  E  C  O  N  E  B  F  G
G  O  U  O  Z  C  U  V  V  F  E  M  R  Z  L
W  S  K  N  Q  E  C  S  J  F  Q  G  T  K  J
M  I  K  Q  S  E  H  S  I  W  Y  L  L  O  J
```

PUZZLE 18

```
S  A  S  C  A  R  F  Q  Z  I  B  M  J  Z  N
N  M  S  S  E  V  A  E  L  C  C  F  S  G  L
O  E  I  I  E  G  Q  P  U  T  C  I  M  M  J
W  N  O  C  D  Q  U  A  E  N  C  F  M  S  X
B  I  U  X  P  P  I  P  V  E  I  E  F  V  S
O  C  Z  F  E  V  R  E  I  M  G  H  V  I  G
U  L  T  J  S  B  K  R  E  N  P  I  H  B  N
N  T  U  M  O  S  Y  S  C  I  E  S  C  R  I
D  D  F  F  T  G  S  D  E  A  Y  T  A  E  D
J  X  T  R  R  O  O  S  R  T  A  O  E  N  I
W  R  I  W  Q  E  D  J  J  R  D  R  N  A  T
U  K  C  Q  M  R  W  D  D  E  O  I  T  A  D
E  D  G  U  A  K  L  O  G  T  T  C  U  E  A
J  Z  G  X  R  A  X  G  P  N  N  I  O  V  L
I  C  K  S  U  S  Z  D  T  E  D  C  O  K  G
```

PUZZLE 19

```
F  L  X  G  L  I  T  T  E  R  W  P  O  P  I
E  F  Z  F  S  N  I  F  L  H  L  J  W  F  D
O  E  A  E  F  D  L  O  H  E  B  K  C  J  W
L  I  D  I  S  H  E  S  O  K  N  R  N  H  A
U  U  U  C  H  M  Q  D  N  A  B  G  I  B  R
A  Z  A  I  U  T  N  A  R  U  A  T  S  E  R
R  B  K  I  L  U  E  L  B  A  R  O  D  A  B
I  S  E  I  T  I  R  O  I  R  P  P  R  R  P
S  E  L  A  S  S  A  M  T  S  I  R  H  C  F
E  M  M  T  Z  B  S  T  F  I  G  E  V  I  G
T  H  G  I  N  H  T  F  L  E  W  T  K  W  K
Q  S  D  E  C  U  D  O  R  P  E  R  C  S  S
Z  R  O  A  D  T  R  I  P  V  X  N  E  E  R
P  S  Q  E  T  A  N  R  A  C  N  I  H  I  R
O  V  E  R  A  L  L  S  A  W  X  I  D  P  B
```

PUZZLE 20

```
C  R  S  A  L  C  R  I  M  S  O  N  K  I  J
E  C  H  R  I  S  T  I  A  N  I  T  Y  H  M
R  Z  J  H  E  S  S  I  A  N  S  D  B  D  J
E  K  S  L  X  Z  B  E  W  E  Q  C  N  M  P
M  S  W  U  E  M  A  U  X  G  I  O  E  S  P
O  U  O  I  S  Z  C  I  T  M  P  N  M  U
N  P  D  Q  N  S  K  T  H  L  E  O  W  I  M
Y  U  N  S  E  N  P  K  A  U  N  V  N  P
N  A  I  R  E  O  A  M  P  N  W  I  D  C  K
Z  C  W  E  Z  O  C  Z  U  J  Z  H  O  E  I
P  D  I  P  E  M  K  E  V  P  O  P  W  P  N
C  N  L  P  Q  L  R  O  N  X  V  E  O  I  P
H  T  F  I  G  L  A  S  S  E  S  K  Z  E  I
F  W  X  L  L  U  X  A  X  R  F  C  C  S  E
Q  S  B  S  I  F  B  T  T  S  I  W  J  D  K
```

PUZZLE 21

```
U T R A N Q U I L J W V O S V
M P N O I E J A P P A R E L Q
E A S U M C I E P M T M W A E
B H N D V I N W A G K G U L Q
Q O O N C N G E T S A B X L Q
S S W E E R L A G Z E F V W J
G X S T D O E C R D N L V L U
N Q U T I Y B I A E E U P G J
I R I I S T E W T L E R A D M
M E T B T H L T I I R R F E B
M S B T U G L J T G G I E O J
I A W S O U S Z U H R E N K R
R C X O T A T H D T E S T F L
T K X R A N H Z E X V O X B P
O D K F E H Z R F R E M R L V
```

PUZZLE 22

```
O K N D E S S I K W O N S S D
W I M L C R E C H E R O O M G
T X T H P I H S K S A M Z A V
G N I T A K S E C I I G B P D
I B S A M V S U J X S P I R T
P U I L F V Z E S U O H E C I
M S V E F M T Q S J N D L V E
S Y A R E G E C S S C J P A C
V T N T C L I J N K N H R A W
G I G U B W E I W B A N R B K
E R I A X W U J E K E T O P E
V U T H O G N A A S K K E A U
H T Q E N P V X T U Q P C N L
R A H E W O N D E R F U L N X
V M P T O M A R G O R P U F F
```

PUZZLE 23

```
R I O B Z T D F F A E L B X R
E M G C E X R D M V S U U W A
M E E P O P T E A F T J S K I
A M C M E M L R T O K H F N
R O N S B I I A E N A Z F A B
K R I D X E E R O Z W I H I O
A I U O T M F I D M R H E T O
B E Q Y W L T S M S X I L V T
L S T W I A F B T F P X P P S
E X A E G L G M W R U T I G K
E V S I O E J R B X X G N F N
C N V S K O O B E D I U G F G
N A V T N A S A E H P T Q E R
N U F L M Y S T E R I O U S G
N O I T A R O M E M M O C E C
```

PUZZLE 24

```
E R U T A R E P M E T L F Q P
V V R E F U G E D H M Q V U E
H O R N A M E N T O U C S N R
V O R S H G U O B O T M Z C F
F N R E S P E C T F U L D Z E
X H H Q V T G R T C F V G D C
U D X N D T N E M A N R U O T
K H O P E F U L F C B M V J K
H S P I R I T U A L V K E I J
S T H G I L S A M T S I R H C
M E U R O P E A N P T N Z V F
F O V L A E M Z V U U U K R T
G V O R E M P I R E Q T N R L
G N Y T I C I L P M I S T B B
Q J Z V I D O L L S G S I D P
```

PUZZLE 25

```
D U R F Z Z Q N S K I C L T L
E T W Q L Y R A A N I E H J V
D O C C Y A H E E J M E F E L
I E B B A D C B L K M V B Y P
S R Z K D Y R Y C Q A D P A F
T S X G I D U L Y Z C N W W N
U V X B L N H L C F U E N R O
O I S B O I C E I N L T A O I
T U X M H W W X J B S A W U N
H X E L B M E S S A T O G B C
G T R R Q S Z I C D E R H L E
I C M G H C B K V M L K T X F
R Z O H K K H T I D Y D Y M R
B R G O R G E O U S Z B N X E
H K R G N I T A E W S Z U E P
```

PUZZLE 26

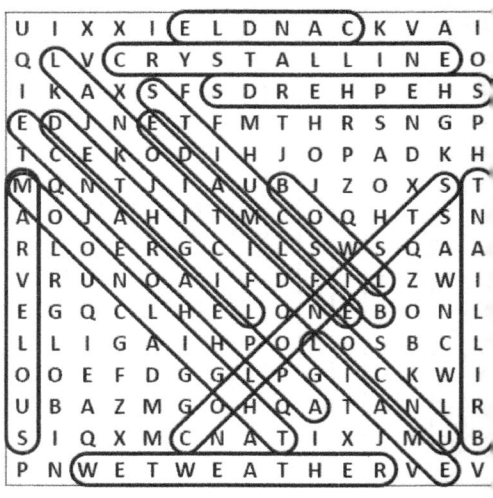

PUZZLE 27

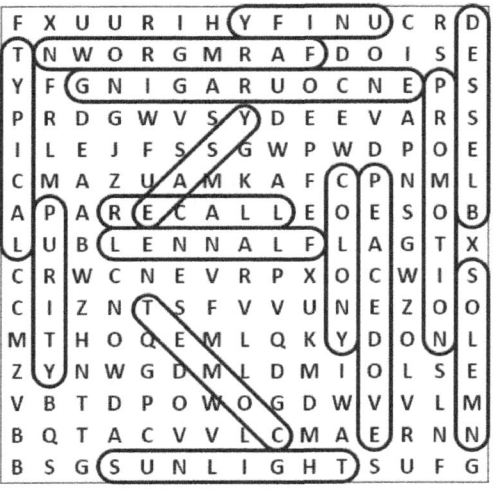

PUZZLE 28

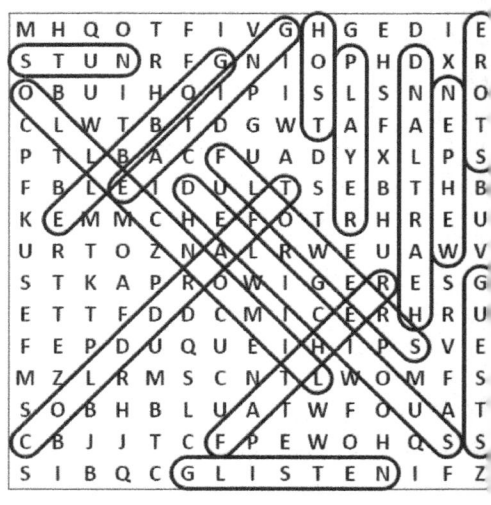

PUZZLE 29

```
U L E G W A R M E R S M E B N
H D B K J M G T S X I B L S P
C A R V E S O U H A O E C I O
B Q L G G I D A E O J L Y L G
R U G D D C Y D K D I D C V S
O F Z M M I K C W P H U R E H
O D W T V L S A M R K R O R T
D I A E K O U N I A G T T B N
T I D X A H H D P N K S O E E
U P S T H T M I W C L Q M L M
O Q Q S S A A E W E D W P L I
P Z D N J C X S S G F K L S R
X S D R O W E V O L A V P V R
L L H T R I B E V I G L D E E
K C L R E V E A L J E S O P M
```

PUZZLE 30

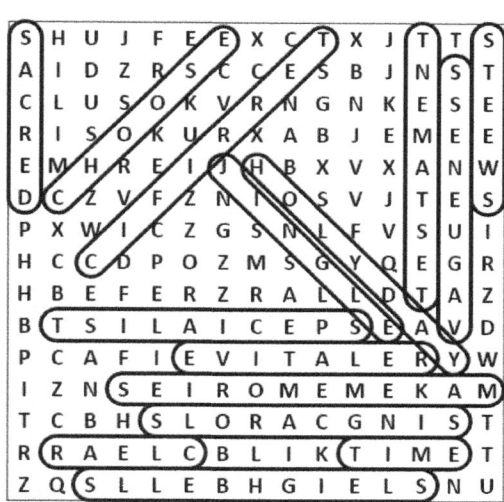

```
S H U J F E E X C T X J T T S
A I D Z R S C C E S B J N S T
C L U S O K V R N G N K E S E
R I S O K U R X A B J E M A E
E M H R E I J H B X V X A N W
D C Z V F Z N I O S V J T E S
P X W I C Z G S N L F V S U I
H C C D P O Z M S G Y Q E G R
H B E F E R Z R A L L D T A Z
B T S I L A I C E P S E A V D
P C A F I E V I T A L E R Y W
I Z N S E I R O M E M E K A M
T C B H S L O R A C G N I S T
R R A E L C B L I K T I M E T
Z Q S L L E B H G I E L S N U
```

PUZZLE 31

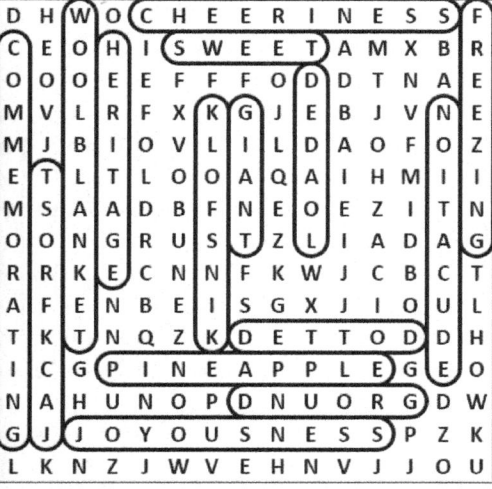

```
D H W O C H E E R I N E S S F
C E O H I S W E E T A M X B R
O O O E E F F F O D D T N A E
M V L R F X K G J E B J V N E
M J B I O V L I L D A O F O Z
E T L T L O O A Q A I H M I I
M S A A D B F N E O E Z I T N
O O N G R U S T Z L I A D A G
R R K E C N N F K W J C B C T
A F E N B E I S G X J I O U L
T K T N Q Z K D E T T O D D H
I C G P I N E A P P L E G E O
N A H U N O P D N U O R G D W
G J J O Y O U S N E S S P Z K
L K N Z J W V E H N V J J O U
```

PUZZLE 32

```
L D I K A D J T S P O P P P S
T Y T R A P O F O S R K M S A
A F N D N S C S O C L U L U I
H U G N I V I G F O Y O J A H
S B K J T N R E M X F B E W
A U U A I E F U G K A A Z M
T P V L A N S S D L R F Z O
N L E L D U I U H A T W M T R
A I I V C O G N B T E V K A
S H N G I I O C E J X Q U I L
C G R P G V E A G S S W T D I
P B N I E D T P I L R D V K T
O K L N P Y A R D W O R K R Y
F E S S A S T U N T S E H C G
R T K N K N O E L R R D P Z T
```

PUZZLE 33

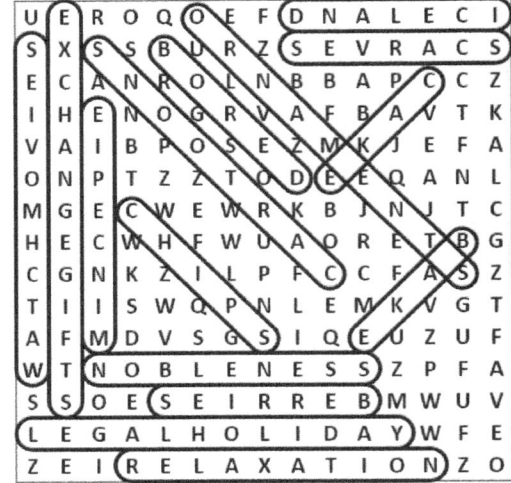

```
G X S R E M R A W D N A H Z X
N I J P E G I E K W I D W D W
I N W I N L R T J C V R O E U
L K P R T O N E S S A I B V N
L F K N H G B R G R D A N O E
E R X T U G S L G N P B H R N
T E X S S V W D T I G O P P I
Y L R A I N A J I O G G M P I
R F F H A O U S K X V G E A A
O F W E S W M H I F I X L A G
T U P H T I F A S N L X S A P
S M D T I A K X A W E F N A R
X O K S C L J R R X N G D A D
G X D Q I L K D A U N N S S O
G N I K C O T S B U E B E D T
```

PUZZLE 34

```
U E R O Q O E F D N A L E C I
S X S S B U R Z S E V R A C S
E C A N R O L N B B A P C C Z
I H E N O G R V A F B A V T K
V A I B P O S E Z M K J E F A
O N P T Z Z T O D E E Q A N L
M G E C W E W R K B J N J T C
H E C W H F W U A O R E T B G
C G N K Z I L P F C C F A S Z
T I I S W Q P N L E M K Q U F
A F M D V S G S I Q E U Z U F
W T N O B L E N E S S Z P F A
S S O E S E I R R E B M W U V
L E G A L H O L I D A Y W F E
Z E I R E L A X A T I O N Z O
```

PUZZLE 35

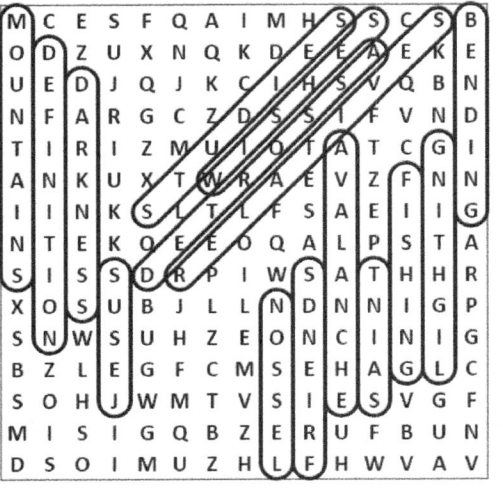

```
M C E S F Q A I M H S S C S B
O D Z U X N Q K D E E A E K E
U E D J Q J K C I H S V Q B N
N F A R G C Z D S S I F V N D
T I R I Z M U O A T C G I
A N K U X T W R A E V Z F N N
I T E K O E E O Q A L P S T A
N I S S D R P I W S A T H H R
S O U B J L L N D N N I G P
X N W S U H Z E O N C I N I G
S L E G F C M S E H A G L C
B Z L E G F C M S E H A G L C
S O H J W M T V S I E S V G F
M I S I G Q B Z E R U F B U N
D S O I M U Z H L F H W V A V
```

PUZZLE 36

```
U U B P U J F Z F H O L L Y Q
A T M E X L S B R W P R X U K
D R A J F P T H O N Z M E Z N
F E T Q I D W W N O H K L K N
O R D V R L G G T O T L B L Q
R S L E E O I J D P S O A E X
T K N U R C D K O S U Y A T L
U S X S F O V G O A G A C T I
N A L E E R V T R E D L I U N
A L D C I R E A M T N M D C P
T H U H M U E L O I V E E C
E C G D S O Q G H F W G R M D
U D M B N Z H K I C L E P A H
V A P L G N I K L A W S N A F
P Z I M S H O P P E R S U O A
```

PUZZLE 37

```
H Q R W Y L P E V E A J J J T
A C T W T D W H P V C F G K B
R L H W I Y T I V I T A N V L
O T E K L E H X V T I N I L G
N O R D A T P A W A N G B E K
E Z M K U Z O K H I O N T A C
M E O D Q X V G Q C Z I S P I
H P M Y E K C O H E H D C I T
T O E P X O V A M R U I E N S
R R T U T X M R E P M R N G M
O D E B X T I N Q P O R T H O
F R R T A Z L N M A R E S U R
M A B D H T O Q M S Q V R H R
O W B D M E H A Z A L O E K B
C A L A I T T E S N I O P B E
```

PUZZLE 38

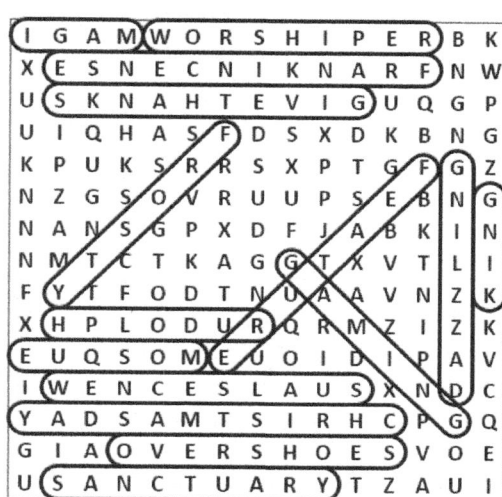

```
I G A M W O R S H I P E R B K
X E S N E C N I K N A R F N W
U S K N A H T E V I G U Q G P
U I Q H A S F D S X D K B N G
K P U K S R R S X P T G F G Z
N Z G S O V R U U P S E B N G
N A N S G P X D F J A B K I N
N M T C T K A G G T X V T L I
F Y T F O D T N U A V N Z K
X H P L O D U R Q R M Z I Z K
E U Q S O M E U O I D I P A V
I W E N C E S L A U S X N D
Y A D S A M T S I R H C P G Q
G I A O V E R S H O E S V O E
U S A N C T U A R Y T Z A U I
```

PUZZLE 39

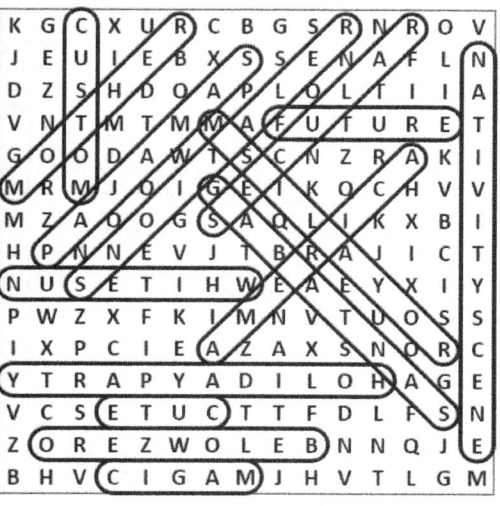

```
K G C X U R C B G S R N R O V
J E U I E B X S S E N A F L N
D Z S H D O A P L O L T I I A
V N T M T M M A F U T U R E T
G O O D A W T S C N Z R A K I
M R M J O I G E I K O C H V V
M Z A O O G S A L L K X B I
H P N N E V J T B R A J I C T
N U S E T I H W E A E Y X I Y
P W Z X F K I M N V T U O S S
I X P C I E A Z A X S N O R C
Y T R A P Y A D I L O H A G E
V C S E T U C T T F D L F S N
Z O R E Z W O L E B N N Q J E
B H V C I G A M J H V T L G M
```

PUZZLE 40

```
S S S E N L U F Y O J C N X H
E H S O Q S Z U W P X U N G J
T G N I D N A T S R E D N U U
H E L A I N O L O C K S L H D
E T H M C K W P K N H L J O N
E E K D B H M X I C F E G M A
C H F V A U R H F A D N E L R
H D W Q B K D D U R A E I M A
J O L I D V G E M T U N T A G
P R P N N D R A T S U C L D G
U W Z O I J G Q U K E C E E E
M L B L B X U P B I X L M W N
A E A H E A V Y S C K P I M I
R E V O C W O N S K X K V A P
E I P E C N I U Q C W S G R H
```

PUZZLE 41

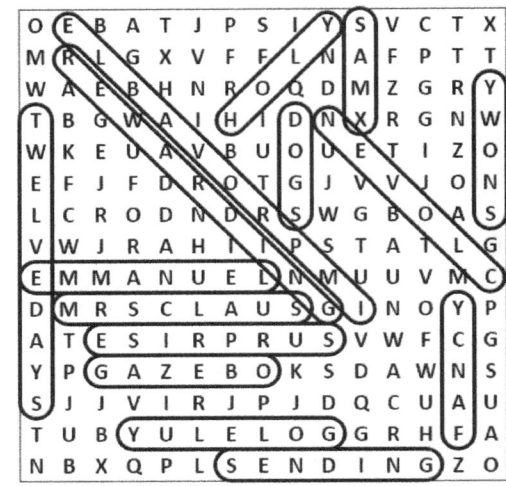

```
B J O A X O T S Y L A T A C F
L X N N T R I U M P H A N T Q
S S N O W S T O R M W J P V A
G H S L A C I T S A T N A F Q
T M E R R Y M A K I N G S I R
D J S E K A C N A P V G N U E
G N I L K C A R C E B F V S A
B V R V O N Q R R R L S N Z D
U K W D Z L R Y A A P A I W B
G S E F V G M N T R D F N L O
V O B K R E D A I R N R Q X O
N L U W R I B G O B A U R P K
W T W R N L P D Y H T R A E S
Z V Y G E W E L L K N O W N S
M Z H O I C E C R Y S T A L I
```

PUZZLE 42

```
O E B A T J P S I Y S V C T X
M R L G X V F F L N A F P T T
W A E B H N R O Q D M Z G R Y
T B G W A I H I D N X R G N W
W K E U A V B U O U E T I Z O
E F J F D R O T G J V V J O N
L C R O D N D R S W G B O A S
V W J R A H I P S T A T L G
E M M A N U E L N M U U V M C
D M R S C L A U S G I N O Y P
A T E S I R P R U S V W F C G
Y P G A Z E B O K S D A W N A
S J J V I R J P J D Q C U A U
T U B Y U L E L O G G R H F E
N B X Q P L S E N D I N G Z O
```

PUZZLE 43

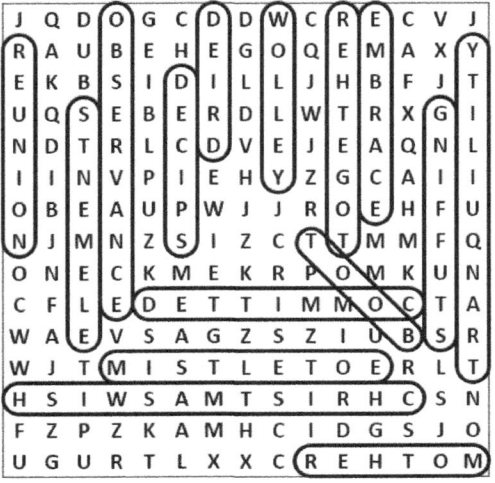

```
J Q D O G C D D W C R E C V J
R A U B E H E G O Q E M A X Y
E K B S I D I L L J H B F J T
U Q S E B E R D L W T R X G I
N D T R L C D V E J E A Q N L
I I N V P I E H Y Z G C A I I
O B E A U P W J J R O E H F U
N J M N Z S I Z C T T M M F Q
O N E C K M E K R P O M K U N
C F L E D E T T I M M O C T A
W A E V S A G Z S Z I U B S R
W J T M I S T L E T O E R L T
H S I W S A M T S I R H C S N
F Z P Z K A M H C I D G S J O
U G U R T L X X C R E H T O M
```

PUZZLE 44

```
P Z F D E T R A E H Y P P A H
M K A B R D I I I K D S F M I
A L N Z F M R J Q J Q G J N H
P M T J G O X A A H Z W C P E
G N I L K N I T G L V A P F T
Y A D G N I X O B O R T L B A
F H E A V E N L Y N N A Y L R
S A Y I N G R S A I T R H O E
S N H W R J M T I B T L V E L
T I W R L O I V R N Y M B E I
R Z A P T O I E A F F R F L S
E K E S N S A E W J F H V Y N
E T U G I D G P W F U V X D O
T C P T U A S A L D L Q S R C
Z O O Z P J H C F R F C B H V
```

PUZZLE 45

PUZZLE 46

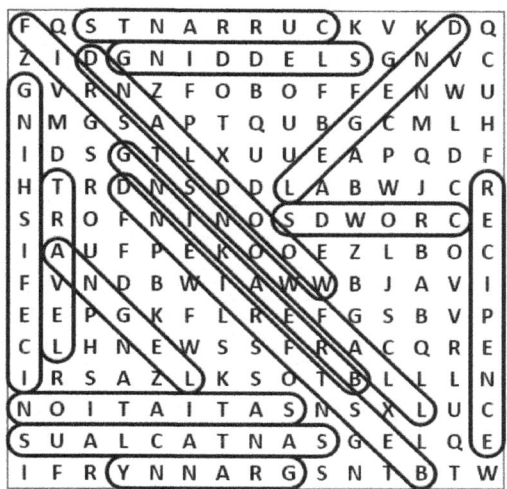

PUZZLE 47

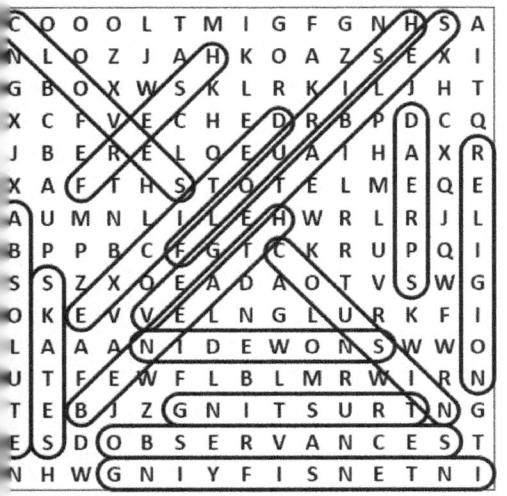

PUZZLE 48

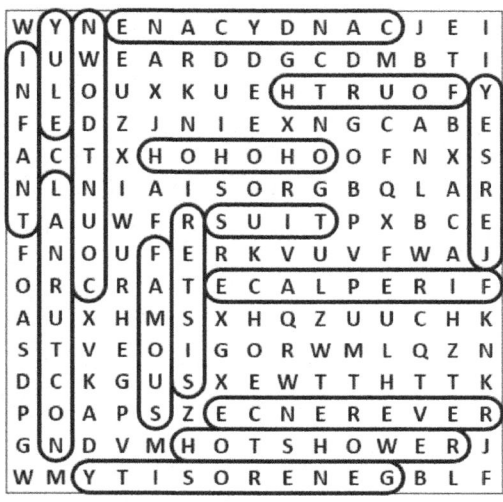

PUZZLE 49

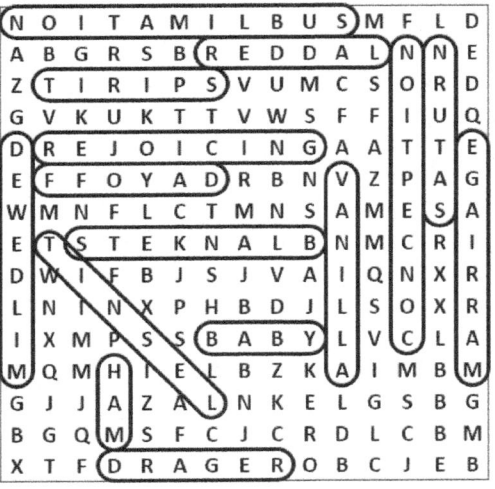

```
H I A J G D C Y C E E L F V H
O V U L G X I Q E P F T I C O
N H B O N O N N N Q H G Q E L
A T T E N D E D N T B H D X I
B R E A K F A S T E D M F P A
B D S S E I K O O C R U U E Y
A E L B A R O N O H R O B S D
M H T N E E T F I F O L D T A
N O I T C E L F E R O I D A T
C P G N I V I G A S M X E T I
B X J V K E S P S W K H R I S
C C G U S S U O U T R I V O N
H N U E L U M S W K E V N S N
A T D C R Y S T A L S T I S E
A V D N I Q R M R A F E E R T
```

PUZZLE 50

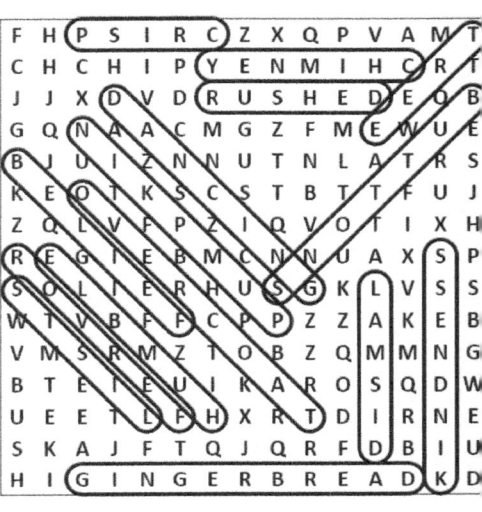

```
D O Q Z C G N L E T Z N I U B
R A M B O I I P X U S H L T G I
A L O X M Q U S N A I A T M R T
C I U D Q V L S I P S U T E C H
T S D F U X M K A S U T H C H D
F U E E S L O I M A B I G S E A
I N T N V S U M E M F R A E R Y
G E O K B I S R T A K P R U S
N L R I Q N L L U M R S U X
I A M T E T M X B I I G C B
D W E P D E P J F R L W G C B
V D N E B E U R G H Y D H I F
D I E C M O P N D C H O M P P
U C D E T A O C R U F O K K D
W S L R Q I G K U U E G E K E
```

PUZZLE 51

```
N O I T A M I L B U S M F L D
A B G R S B R E D D A L N N E
Z T I R I P S V U M C S O R D
G V K U K T T V W S F F I U Q
D R E J O I C I N G A A T U T
E F F O Y A D R B N V Z P A G
W M N F L C T M N S A M E S A
E T S T E K N A L B N M C R I
D W I F B J S J V A I Q N X R
L N I N X P H B D J L S O X R
I X M P S S B A B Y L V C L A
M Q M H I E L B Z K A I M B M
G J J A Z A L N K E L G S B G
B G Q M S F C J C R D L C B M
X T F D R A G E R O B C J E B
```

PUZZLE 52

```
F H P S I R C Z X Q P V A M T
C H C H I P Y E N M I H C R T
J J X D V D R U S H E D E Q B
G Q N A A C M G Z F M E W U E
B J U I Z N N U T N L A T R S
K E O T K S C S T B T T F U J
Z Q L V F P Z I Q V O T I X H
R E G I E B M C N N U A X S P
S O L I E R H U S G K L V S S
W T V B F F C P P Z Z A K E B
V M S R M Z T O B Z Q M M N G
B T E E U I K A R O S Q D W E
U E E T L F H X R T D I R N U
S K A J F T Q J Q R F D B I U
H I G I N G E R B R E A D K D
```

PUZZLE 53

```
P N D H U V A C E H Z R T L D
G B A S I I N T E C E I Q T N
G Z R A P M O J R N C A D P O
Y V M N G I Z T U H S H O I R
G B C T R I T E L L Y S P V G
F O L A E U C V A I E E P E R
K G O S T X E O I E L R L R A
Q E U L T G L T C O L F A G E
O F D I A T L S I N O B Y R N
M X S S P X O D F X W X O R E
V U W T B X C O I U S U J W G
F K Q T N I V O T E N J I N E
C K H F L K N W R Y O G N U C
C U R L I N G L A O W J T V C
X A R C P D I N J J Q D Z G N
```

PUZZLE 54

```
P A R T I C U L A R L Y Q A F
B S S W G O O D F R I D A Y J
W J W P V D E U L A V O A K A
O N S T R O F F E S Q Q C I L S
N C S E G N A R T S J N T U F
D A M L G H J H I U D P I E O
E S D O P G F U A W U R J W R
R S L O N B M S O G D W B P F
Q E J H I C U R R E L O O C I
N R X C Z K D L H U A S W J C
Q O O S X S N X S S T A R T I A
D L Z O Z R L S S L T R E E A
H E Q N R P R E S E N T S Q L
O A H D E T P O D A P V T J O
F B D S L A T I P A C U R J P
```

PUZZLE 55

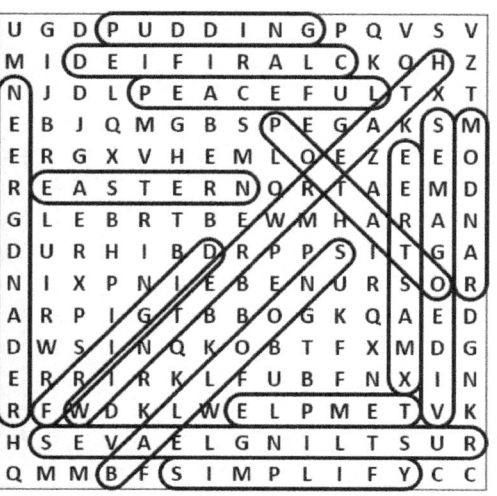

```
U G D P U D D I N G P Q V S V
M I D E I F I R A L C K O H Z
N J D L P E A C E F U L T X T
E B J Q M G B S P E G A K S M
E R G X V H E M L O E Z E O D
R E A S T E R N O R T A E M N
G L E B R T B E W M H A R A N
D U R H I B D R P P S I T G A
N I X P N I E B E N U R S O R
A R P I G T B O G K Q A E D R
D W S I N Q K O B T F X M D J
E R R I R K L F U B F N X I N
R F W D K L W E L P M E T V K
H S E V A E L G N I L T S U R
Q M M B F S I M P L I F Y C C
```

PUZZLE 56

```
T A P Y T I N U L N H W B U X
Q Y F K U N O V U O E B R S H
T T U M T A S V K I A T K W R I
O I R U A E A I D N T Q R S K
N L I T R B E C M U E Q V I Y
G A B U X Y S T C E D B W M A
U U B S U L D N U R M M J I D
E T O U W L L A Z Y T Q C D H
B I N H V E O E Z L P T R N T
O R T W V J C G X I U S D I R
A I R C O M Q A O M N E C G I
K P A O P A N P V A C N B H B
F S A B L P C T N F H I G T
M V M H O T C O C O W F F M V
E U G N I K A T H T A E R B G
```

PUZZLE 57

```
O Q G Y T S T F I G N E P O Q
G N M S R Q F I W R X Q H R O
S V Z R E E D R E A R Y C E W
L O N E E D C N S T O O B U C Z
W B O I D S L E E M Z T B B N J
O M I H C U O G E B T I W A S
N I T C H C S C R R O Q O D E
S W C U E L E T R N G L D J I
H L U A R A F L E E L D A G L
S R D N R W Q Z E N T B E Z I
E H O K I B H N N G A T M B M
R Q R T P E K M R A R A N I X A
F G T R S K P M H G Q N C B F
E A N S A X I S Q D T L T E P
C A I P H E C S T A T I C J I
```

PUZZLE 58

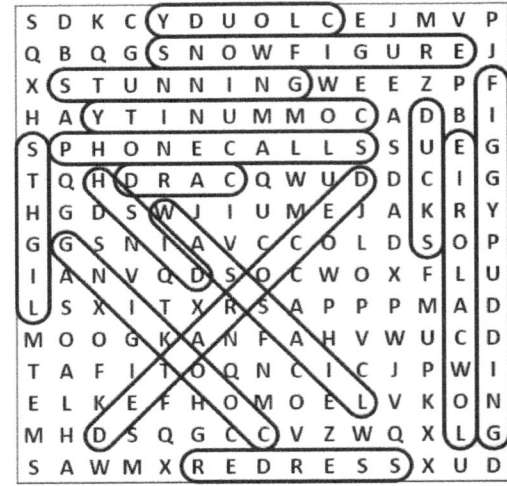

```
S D K C Y D U O L C E J M V P
Q B Q G S N O W F I G U R E J
X S T U N N I N G W E E Z P F
H A Y T I N U M M O C A D B I
S P H O N E C A L L S U E G
T Q H D R A C Q W U D D C I G
H G D S W J I U M E J A K R Y
G G S N I A V C C O L D S O P
I A N V Q D S O C W O X F L U
L S X I T X R S A P P P M A D
M O O G K A N F A H V W U C D
T A F I T O Q N C I C J P W I
E L K E F H O M O E L V K O N
M H D S Q G C C V Z W Q X L G
S A W M X R E D R E S S X U D
```

PUZZLE 59

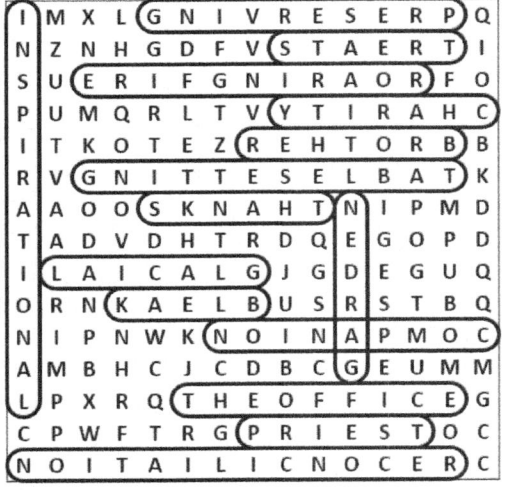

```
I M X L G N I V R E S E R P Q
N Z N H G D F V S T A E R T I
S U E R I F G N I R A O R F O
P U M Q R L T V Y T I R A H C
I T K O T E Z R E H T O R B B
R V G N I T T E S E L B A T K
A A O O S K N A H T N I P M D
T A D V D H T R D Q E G O P D
I I L A I C A L G J G D E G U Q
O R N K A E L B U S R S T B Q
N I P N W K N O I N A P M O C
A M B H C J C D B C G E U M M
L P X R Q T H E O F F I C E G
C P W F T R G P R I E S T O C
N O I T A I L I C N O C E R C
```

PUZZLE 60

```
T B A E T O T T F O T O G C B
W E R G T U O I T R A P T C J
X V C Z X T S N O S E E C H S
T Q N R Q H B O A G T G E X X
N F C B U A F F P I X L F M Q
M Z D L U T R A L U P O P S H
U P D B O N E S T F Q L J I P
T J L P X U B N E C H J D T P
U E S T N W D B S X W M Y O B
A W O E D U V I F I O B B I R
F U A W G I G B N G L B A R K
O O D E X I M V G E S K L T B
D W H I M S Y R G T S K L A O
N J L A N O S A E S A S U P K
E N H E T I H W W O N S L A H
```

```
S O G S G I V O S F J E P L M
T G T N S C F L T L X G X S M
K C N C I E A I S W V O N N D W
A E F I S D C X O E W O C O W
E R T S D T N N C Q T R U I T U
R E W N U I E A I V S C B T N B
B M V T H G T P T R P S J E O
R O D T P C A Y F S P A G E X
E N Q U N O T R A A T H Z U B
T I S S U J A R P D M U E Q I
N O O M Y E N O H L I I O S
I U R T R E F B U B U L L O
W S G J E W E L R Y J M O Y X
X E U G O G A N Y S F I A H P
I L L U M I N A T I O N H D E
```

```
R O P H E N O M E N A L S E T
P W T Q M N F J S M X Z E C P
O E M K I P J B N O Q H D K X
Z E O L D G H N Q W G I R E E
Q S S G N T S E E E Q R U E Y F
V K Z I R P K R L D H A G T R
L C X D G Q K D B J A N T O A
O O I M C N J L A I A D F R P
S P F P O E Q I N M L S N T G
R C S M I N K H E G E E G T F
E K L J A I S C I J S E N E
V N O Z I L A T L L I J E N
N Y H U M I P E U W O O R L
C A R P E T I B R B C E F T
U P F A P F M K R N V T P P N
```

```
T R K C O M E D Y Z Z G Q L L
Q L J H X I L D S P O S K B O
L T I O I C E C O L D T R E V
A I L A G E R W Q Q A R G P E
G A M L E Q S Q I U N E G L P
U J O X A U T C S O S G U X
H A X H M T A T O H S W M P
R Q A X P F C P J G K H I P N
S K B R C H I P M U N K N U E
Y D D O T T O H J O C E S D V
P I X I E B A P P Q F D Q L
J R N U O F I Y E K R U T I G
V N I A R N O I T U A C P N W
E X C I T E M E N T N Q O G U
B E D F G Z N F L C J V L D H
```

```
A T Z G N I L K N I W T W R W
Q A F L A T T E R E D G I N E
P O X X N D M P G B T E N Z L
O C D P W I P T W K C K Z W C
H J J Y C I R A C U B A C O
S U I F H J R Y A W A C V L M
K A H O N O R S N A H G V L I
T B F X Q L M O Z T R A N N
O R H A R A S C J D V K U W G
W Q M L A G L T F U H E I S Z
Y E O L U A V Q C T J J L D N
O O M H I A G X Z R O X S X
T Q R M J K D H T T W W H P F
H W O I D E Y O J R E V O T Q
O S E I N O M E R E C U B L R
```

PUZZLE 65

PUZZLE 66

PUZZLE 67

PUZZLE 68

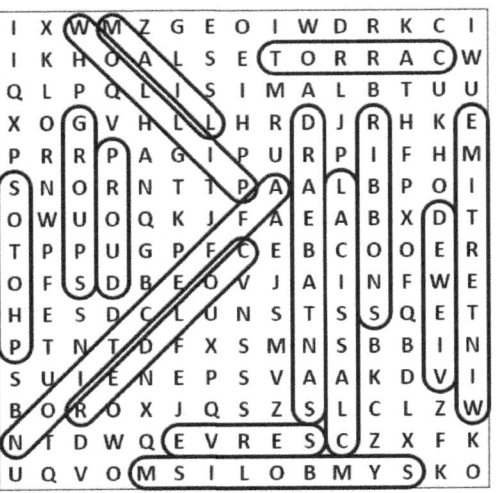

PUZZLE 69

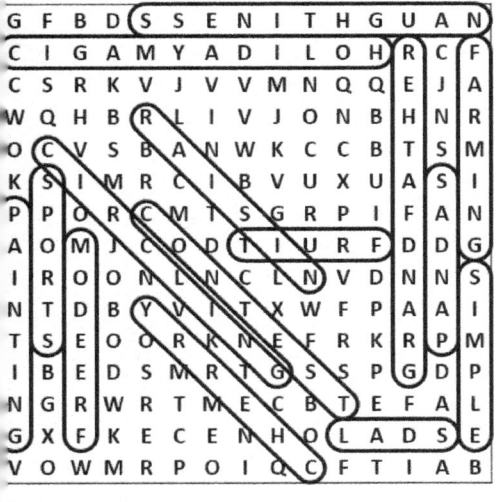

```
U K T Q N U O L L N V Q F Q H
X T I H U L G K X S O P L I D
A M N H Y E G S V R F O W V G
S F Y W N O I L G E U R P K Z
C Z T F O N B E L K N C I S P
H J R R M E D I T C A A M X V
E C E E R D L G X A L L N T G
Y H E J A E A H C R D E T S R
E C U O H H I I R C A N Q U E
S I A I H C L N U C O D C O E
Z K P C W U I G N A D A B L N
F R B E F B M X C S O R V U S
H C K B J D A T H Z O A Q B G
V T R Z Z T F J Y L R G S A M
S S E N D L O C R J D S F F R
```

PUZZLE 70

```
V A M A Z I N G I G S B O N A
T P V H I F S T A H P O T L C
L R H D G K N G M Q D Q Z L S
L E A X O U H O L R Y N N U B
A S Z F O T R E I Y L L I H C
F P E Z D H R Y R T N R O O Q
W E L Z W G Y K A R I E U R D
O C N I I I M U W D O D A B A
N T U F L L L U T I T N A C K
S E T S L E L I T P G S L R S
Y D S K R L Y O U T H U A P T
V Z L C M D Q E B Q C V I E H
A T M U J N K B A L C O N Y F
E J J B Z A Q R E H F I T T P
H H P W W C N B S I T P O B H
```

PUZZLE 71

```
G F B D S S E N I T H G U A N
C I G A M Y A D I L O H R C F
C S R K V J V V M N Q Q E J A
W Q H B R L I V J O N B H N R
O C V S B A N W K C C B T S M
K S I M R C I B V U X U A S I
P P O R C M T S G R P I F A N
A O M J C O D T I U R F D D G
I R O O N L N C L N V D N N S
N T D B Y V I T X W F P A A I
T S E O R K N E F R K R P M
I B E D S M R T G S P G D P
N G R W R T M E C B T E F A L
G X F K E C E N H O L A D S E
V O W M R P O I Q C F T I A B
```

PUZZLE 72

```
N H O L I D A Y S P I R I T R
G M E M O R Y T D Y C H P R W
N A Q H J F X N N N H N E E N
I O L B K Z Q V S A R S V A I
L V X L O E T I T H I A I D D
G E M J E M P L N P S M T I Y
N R A U P L R L U I T X C N A
I J S S N G U D A P M K U E N
J O C P V H W I K E A N D O A
H Y A U I D Q G A A S U O S C
V I R O Z H R D W G E M R K R
E N O U J T S I O K V P M P P
J G L F Q M U R B N E I F F D
T J W Z H J F J O V P H R D T
T O A S T Y I S V W O C E F I
```

PUZZLE 73

```
L K V H C N L V M T H N E R L
F E Q E O G L H T E N I H S B
D T C A M G H T R I B U G K Z
E A B V P W U M I N D F U L P
E R U Y A A H S G T J I C W H
R B F C N D V C T O V I F B U
I B F O I Z J A L Y K I S K N
P E F O N O S L L D I P U F I
S L E A O S L L D I P U F I
N E T T N H Y Q C M G D O F
I C S L S Z K W U P A J R R O
K X R P H L M O W X H L W J R
H G F W I J P B A N C L A C M
Z B C N P B A U B L E S L B I
T H M J T S L I P P E R Y U N
E A N I P A S T R Y V R Z K W
```

PUZZLE 74

```
N Z V L K S L L I H C O O W J
L S E I R R E B N A R C K W M
C A R O L S I D K P G S L L F
L B A I C N E V A E H M H H E
Q J L D E N I A T S U S N O F
C O R N U C O P I A F M J U P
P Z U W O L E Q A S O J R P C
U P P F W C H O P P E R A B T
D S D O O H R E H T O R B I V
I I N E E C N E I D U A V T E
W Q C A F T S M V S Q A M I I
M G R G S E G A K C A P Z N H
I S T I L L N E S S N G A G V
K U L N A O L L E H B L R H M
Z B C I F I R E P L A C E S M
```

PUZZLE 75

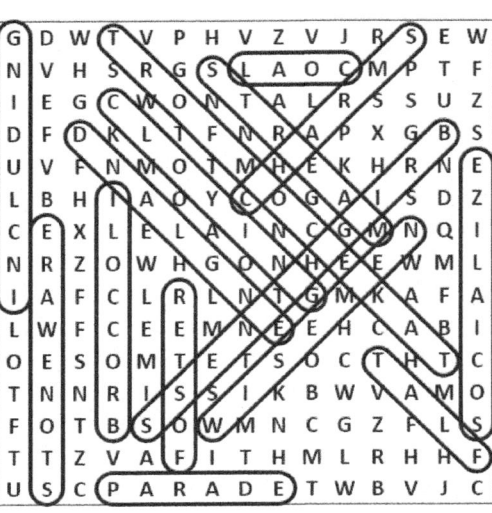

```
G D W T V P H V Z V J R S E W
N V H S R G S L A O C M P T F
I E G C W O N T A L R S S U Z
D F D K L T F N R A P X G B S
U V F N M O T M H E K H R N E
L B H I A O Y C O G A I S D Z
C E X L E L A I N C G M N Q I
N R Z O W H G O N H E E W M L
I A F C L R L N T G M K A F A
L W F C E E M N E E H C A B I
O E S O M T E T S O C T H T C
O T N R I S S I K B W V A M O
F O T B S O W M N C G Z F L S
T Z V A F I T H M L R H F
U S C P A R A D E T W B V J C
```

PUZZLE 76

```
R V R V J N W C L D P I U X A
N S R U Q W O O N P M R A E P
A F F A Z E Y E H W O I J U
E V Q J P A V L S J Z Z V N J
C Y W F L P B I U A G W S V B
O F N T B A E J T C A K E E
H F Y X V Z S R L S B C I E X
O U B O G L T O M A E B O F P
T T L I E J Q K O P M F F H E
L S J M Q E F F I C I E N T N
X X A W I S H B O N E R D X S
F C H E L P F U L N E S S Z I
E E O O W F O O I X A L G U V
E L B A S U V D E V U V K T E
V O T R D V A C A T I O N X D
```

PUZZLE 77

PUZZLE 78

PUZZLE 79

PUZZLE 80

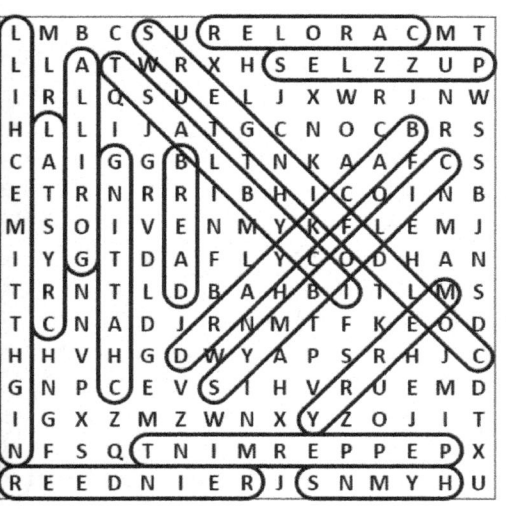

PUZZLE 81

```
O M S E X D A T T B L D K M O
C Q D A U O P A R W N U Z J L
H G U S S F S P G S A L S E E
R J M G N B K J S C N G E J A
I M K N O X V P H H A N D S D
S L Z I I M D E C O R A T E I
T E K D T U U F G I J L F J N
M T F I A X T V F P L N M H G
A T O T N P V N F R E V E L O
S E Q N O I T A S R E V N O C
T R A M D D W Q S P I C E S D
R D Z R U G K S E K A L F X G
E W H I T E S U N L I G H T V
E G E N D O E D A E D I R P N
I H A R S H U F W A H D K Q G
```

PUZZLE 82

```
N O I S I V E L E T A W Z L X
S Z X X C J I R G T I T B S B
H F L W D E Q A S N G R P T N
O I D A R Q T Y T B I W E M S
P E H D N H O R O G O W E A E
F E W W E T Y H H N V B C N C
T K U R W S F T S I S E I A A
G U I U H G L H G R N S Y G F
J N K O U Y A N P U E I R E Z
G M W I I R I K V S T Z D R G
S E D A I T L X S S T Z M T M
R E L N I P N X C A I D O N H
D W G C Q K P P V E M L X Z W
P W X O H E L I Q R F A R V Z
D E E P U R E W H I T E T F H
```

PUZZLE 83

```
S S G N I R N E D L O G G R J
T I M E O F Y E A R Q A E Z B
M C Q S D J A C L E A N X G O
I C L I M A T E A A R K C D W
E E T A L O C O H C T D V F Q
I P U U J O T C H D C L L E B
I Z L H Z D F K N O S A E S X
D E C O R A T I O N S H X U S
S U P E R H E R O D I X V O R
M G N I T S E R E T N I J P E
A W R V X O M L O W E S T C T
R T S P R E A D C H E E R F S
B O T S C O T L A N D T Q A A
N P E B T H A N K Y O U Z Z O
R K S O M E T G F B M U P C C
```

PUZZLE 84

```
J S Y K P K C O L O R F U L Z
L L E L N A I R O T C I V N
N L D K N N R W B R A I M S O
A A N O R R X U A N N L K A S
C H I W Z R U E N R I C D N A
E E W X E O Y O D A T T F N E
P H C T D W S M J H Z L A A S
D T H A E Y B A L A N C E E E
O K A N R P E Q V E B K F L T
H C E U D G O M Z R O Q J V I
S E W A M O I W R R C N V E R
N D C U V V O E A E H B C S O
P R E S S U R E O C H V S L V
D M J E V E R G R E E N S T A
K T A N N E N B A U M F F N
```

PUZZLE 85

PUZZLE 86

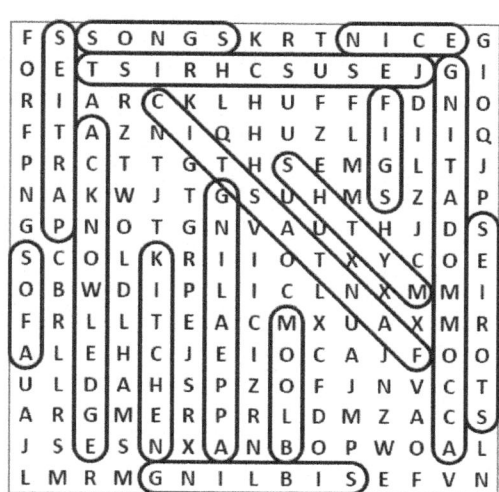

PUZZLE 87

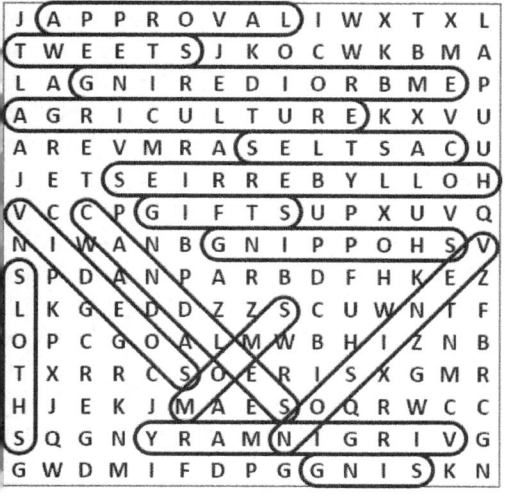

PUZZLE 88

PUZZLE 89

PUZZLE 90

PUZZLE 91

PUZZLE 92

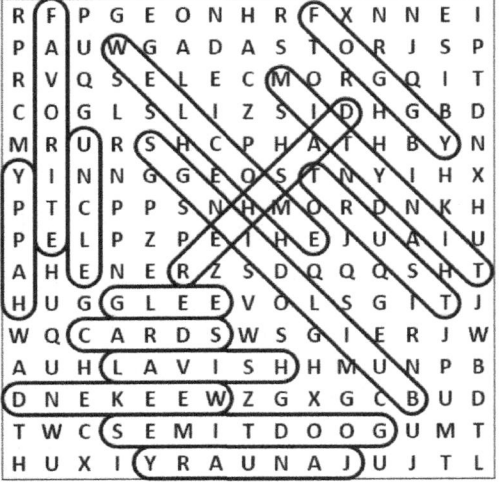

PUZZLE 93

PUZZLE 94

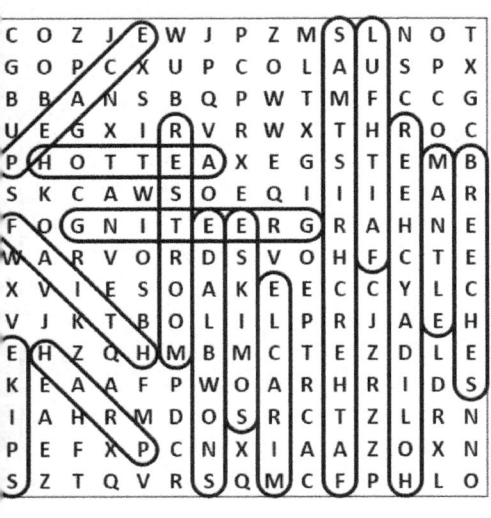

PUZZLE 95

PUZZLE 96

PUZZLE 97

```
C T N C S R U R X C V X W I V
H X J T U H N O I T O V E D D
P A A C O H Q J O L R B H H
D N R L S N P V H G N E G N B
D T A L E C E I P R E T N E C
N U M X L A S S H U L B I V N
S P O P T I M I S T J F S U L
S V E T A N I C S A F K S B J
B H A S T I N G G R F U E I F
F V F R O Z E N G Q P H L A F
W D L O H E S U O H D T B E P
N A I T S I R H C Q C Z A V K
J J V A U N T I E V M S B A F
S U O I R O T C I V T O F W V
T S M I A L C O R P V X I C O
```

PUZZLE 98

```
S S E N E M O S E W A P T F Q
K W T W P U F G C E T S R Q W
D G M R V U A H S N U T A H P P
N R T I U A V D W D G A H A S R
I A R Z N P O P T S V B S S E
W N E O X C R U X H D L T S C
G D H J S I A O Z A R E A E I
N J T V A A B Q H R O E E N P
I S A S T Q L T N K H M W G I
L E E N H M E R P M U L S E T
W C W S T Y T I L I M U H R A
O N C A N T E R B U R Y W S T
H F R E E Z E O V E R S Q E E
I G N I R T S N R O C P O P V
E C I F F O T S O P Q L G A C
```

PUZZLE 99

```
S A Y A P R A Y E R W X Z O C
S V X L E R R I U Q S H R U T
Z Q E L B A U L A V P O E V Y
C H R I S T M A S A R J B M A
M O P P R E S S I V E M M F D
P O H S K R O W D L Z S E D W
O T E J N L O R H S R C C Q O
G Y R I R H A E M Y P H E D N
C N U G R Z C W G A T O D E S
G A T M W K T L A W S O F I
F M L I E G L P U D E L F I N
N D U U W O D F L A B V V V Z
S Z C L S L J H S O M A W E T
Z E P G O U U S D R X N B R C
S E T F I L I K S R K O G J I
```

PUZZLE 100

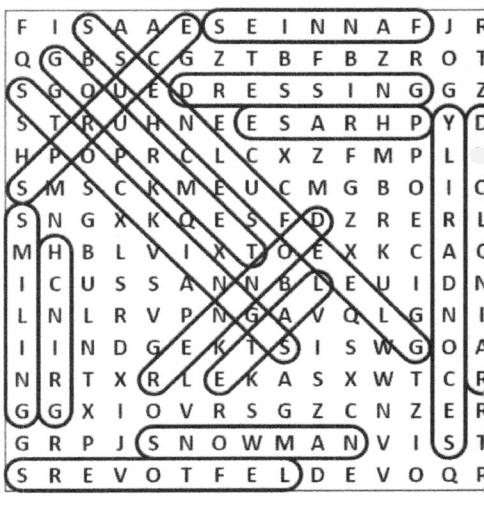

```
F I S A A E S E I N N A F J R
Q G B S C G Z T B F B Z R O T
S G O U E D R E S S I N G G Z
S T R U H N E E S A R H P Y D
H P O P R C L C X Z F M P L
S M S C K M E U C M G B O I C
S N G X K Q E S F D Z R E R L
M H B L V I X T O E X K C A C
I C U S S A N N B L E U I D
L N L R V P N G A V O L G N I
I I N D G E K T S I S W G O A
N R T X R L E K A S X W T C F
G G X I O V R S G Z C N Z E R
G R P J S N O W M A N V I S T
S R E V O T F E L D E V O Q F
```

Made in the USA
Coppell, TX
08 December 2022

88174513R00075